Religião para Ateus

Religião para Ateus
*Um guia para não crentes
sobre as utilizações da religião*

Alain de Botton

Tradução de
Isabel Veríssimo

2.ª edição

Título: *Religião para Ateus – Um guia para não crentes sobre as utilizações da religião*
Título original: *Religion for Atheists – A non-believer's guide to the uses of religion*
© 2011, Alain de Botton e Publicações Dom Quixote

Capa: Joana Tordo
Revisão: Rita Almeida Simões
Paginação: www.8551120.com
Impressão e acabamento: Multitipo
1.ª edição: maio de 2012
2.ª edição: agosto de 2012
Depósito legal n.º 346 673/12
ISBN: 978-972-20-4888-0
Reservados todos os direitos

Publicações Dom Quixote
Uma editora do Grupo Leya
Rua Cidade de Córdova, n.º 2
2610-038 Alfragide – Portugal
www.dquixote.pt
www.leya.com

Para Bertha von Büren

Índice

I:	Sabedoria sem Doutrina	11
II:	Comunidade	21
III:	Bondade	69
IV:	Educação	99
V:	Ternura	163
VI:	Pessimismo	177
VII:	Perspetiva	191
VIII:	Arte	201
IX:	Arquitetura	241
X:	Instituições	271

Agradecimentos	306
Créditos das Imagens	307
Índice Remissivo	308

I

Sabedoria sem Doutrina

Provavelmente, apenas uma pessoa muito boa: Santa Inês de Montepulciano.

1.

A pergunta mais desinteressante e inconsequente que se pode fazer sobre qualquer religião é se ela é ou não *verdadeira* – no que diz respeito a ser transmitida do céu ao som de trombetas e dirigida sobrenaturalmente por profetas e seres celestiais.

Para poupar tempo, e correndo o risco de perder leitores dolorosamente cedo neste projeto, afirmemos frontalmente que é evidente que nenhuma religião é verdadeira no sentido de nos ser dada por um Deus. Este livro é para pessoas que são incapazes de acreditar em milagres, espíritos ou lendas de arbustos a arder, e não se interessam grandemente pelas proezas de homens e mulheres invulgares como Santa Inês de Montepulciano, que viveu no século XIII e da qual se diz que era capaz de levitar a sessenta centímetros do chão enquanto rezava e de ressuscitar crianças – e que, no fim da vida (supõe-se), ascendeu ao céu no Sul da Toscana às costas de um anjo.

2.

Tentar provar a não-existência de Deus pode ser uma atividade interessante para os ateus. Críticos pragmáticos da religião divertem-se bastante a expor a idiotia dos crentes com pormenores impiedosos, terminando apenas quando sentem que desmascararam os seus inimigos como patetas ou maníacos consumados.

Muito embora este exercício dê alguma satisfação, a verdadeira questão não é se Deus existe ou não, mas em que direção levar o argumento quando se decide que, evidentemente, ele não existe. A premissa deste livro é que tem de ser possível ser-se um ateu empenhado e, não obstante, considerar que as religiões são esporadicamente úteis, interessantes e consoladoras – e ser curioso relativamente à possibilidade de importar algumas das suas ideias e práticas para o reino secular.

Uma pessoa pode ficar inteiramente indiferente às doutrinas da Trindade cristã e do Nobre Caminho Óctuplo do budismo e, ao mesmo tempo, interessar-se pelas formas como as religiões elaboram sermões, promovem a moral, criam um espírito de comunidade, se servem da arte e da arquitetura, inspiram viagens, treinam mentes e encorajam a gratidão pela beleza da primavera. Num mundo cheio de fundamentalistas de variantes tanto crentes como seculares, tem de ser possível equilibrar uma rejeição da fé religiosa com uma reverência seletiva por rituais e conceitos religiosos.

É quando paramos de acreditar que as religiões nos foram transmitidas de cima ou que são completamente idiotas que as elas se tornam mais interessantes. É então que podemos reconhecer que inventámos as religiões para servirem duas necessidades principais que continuam a existir até ao presente e que a sociedade secular não conseguiu resolver com eficácia: primeira, a necessidade de vivermos harmoniosamente juntos em comunidades, apesar dos nossos impulsos egoístas e violentos profundamente enraizados; e, segunda, a necessidade de lidarmos com os aterradores níveis de dor originados na nossa vulnerabilidade ao fracasso profissional, a relações complicadas, à morte de entes queridos e à nossa decadência e morte. Deus pode estar morto, mas as questões urgentes que nos levaram a inventá-lo continuam a colocar-se e exigem soluções que se mantém válidas mesmo quando somos incentivados a perceber algumas imprecisões científicas na lenda da multiplicação dos pães e dos peixes.

O erro do ateísmo moderno foi ignorar que muitos aspetos da fé se mantêm relevantes mesmo depois de os seus dogmas principais terem sido rejeitados. Quando deixamos de sentir que temos ou de aderir acriticamente às religiões ou de as denegrir, estamos livres para as descobrir como repositórios de uma miríade de conceitos engenhosos com os quais podemos tentar mitigar alguns dos males mais persistentes e negligenciados da vida secular.

3.
Cresci num lar de ateus militantes, filho de dois judeus seculares que colocavam a crença religiosa algures em pé de igualdade com o Pai Natal. Recordo-me de o meu pai deixar a minha irmã lavada em lágrimas quando tentou fazê-la reconsiderar a sua modesta noção de que poderia haver um deus eremita algures no universo. Na época, ela tinha oito anos. Se os meus pais descobriam que alguma pessoa do seu círculo social nutria sentimentos religiosos clandestinos, passavam a olhá-la com o tipo de piedade que é normalmente reservada às pessoas a quem é diagnosticada uma doença degenerativa, e nunca mais conseguiam levá-la a sério.

Embora eu tenha sido fortemente influenciado pelas atitudes dos meus pais, aos vinte e poucos anos tive uma crise de incredulidade. Os meus sentimentos de dúvida tiveram a sua origem nas cantatas de Bach, tornaram-se mais profundos na presença de certas Nossa Senhoras de Bellini e foram avassaladores quando conheci a arquitetura *zen*. Todavia, só vários anos depois de o meu pai ter morrido – e ter sido enterrado num túmulo hebreu num cemitério judaico em Willesden, na zona noroeste de Londres, por se ter, surpreendentemente, esquecido de tomar providências mais seculares – é que comecei a aceitar toda a dimensão da minha ambivalência em relação aos princípios doutrinários que me tinham sido inculcados na infância.

Nunca vacilei na certeza de que Deus não existia. Senti-me simplesmente libertado pelo pensamento de que poderia existir uma forma de me interessar pela religião sem ter de aceitar o seu conteúdo sobrenatural – em termos mais abstratos, uma forma de pensar em Pais sem perturbar a memória respeitosa do meu próprio pai. Reconheci que a minha resistência persistente às teorias de uma vida depois da morte ou de residentes celestiais não era uma justificação para desistir da música, edifícios, orações, rituais, festas, santuários, peregrinações, refeições comunitárias e manuscritos iluminados das fés.

A sociedade secular foi injustamente empobrecida pela perda de uma série de práticas e temas com os quais os ateus acham tipicamente que é impossível viver porque parecem demasiado associados com, para citar a útil frase de Nietzsche, «os maus odores da religião». Começámos a ter medo da palavra *moral*. Indignamo-nos com a possibilidade de ouvirmos um sermão. Fugimos da ideia de que a arte deve ser inspiradora ou ter uma missão ética. Não fazemos peregrinações. Não podemos construir templos. Não temos mecanismos para expressar gratidão. A noção de ler um livro de autoajuda tornou-se absurda para as pessoas com princípios. Resistimos a exercícios mentais. Desconhecidos raramente cantam juntos. Somos confrontados com uma desagradável escolha entre comprometermo-nos com conceitos peculiares sobre divindades imateriais ou abandonarmos completamente uma série de rituais consoladores, subtis ou apenas encantadores para os quais tentamos encontrar equivalentes na sociedade secular.

Ao desistirmos de tanto, permitimos que a religião reclamasse como seu domínio exclusivo áreas de experiência que deveriam pertencer por direito a toda a humanidade – e cuja recuperação para o reino secular não nos devia constranger. Nos seus primórdios, o cristianismo foi grande adepto da apropriação das boas ideias de outros, subsumindo agressivamente inúmeras práticas pagãs que os ateus modernos tendem agora a evitar, com base na convicção errada de que elas são indelevelmente cristãs. A nova fé apoderou-se das celebrações do solstício do inverno e, dando-lhes uma nova imagem, chamou-lhes Natal. Absorveu o ideal epicurista da vida em conjunto numa comunidade filosófica e transformou-o no que conhecemos agora como monasticismo. E, nas cidades em ruínas do antigo Império Romano, introduziu-se despreocupadamente nas estruturas vazias de templos que tinham em tempos sido dedicados a heróis e temas pagãos.

O desafio que enfrentam agora os ateus é descobrir um modo de inverter o processo de colonização religiosa: como separar ideias e rituais das instituições religiosas que os reivindicaram mas não os possuem verdadeiramente. Por exemplo, uma grande parte do que é melhor no Natal não tem qualquer relação com a história do nascimento de Cristo. Gira em torno de temas de comunidade, festividade e renovação que precedem o contexto em que foram utilizados ao longo dos séculos pelo cristianismo. As nossas necessidades relacionadas com a alma estão prontas para serem libertadas da tonalidade que lhes é conferida pelas religiões – mesmo que seja, paradoxalmente, o estudo das religiões que tenha muitas vezes a chave para a sua descoberta e rearticulação.

O que se segue é uma tentativa de interpretar as fés, essencialmente o cristianismo e em menor escala o judaísmo e o budismo, na esperança de encontrar conhecimentos coligidos que possam ser úteis na vida secular, especialmente no que respeita aos desafios colocados pela comunidade e pelo sofrimento mental e físico. A tese subjacente não é que o secularismo está errado, mas que secularizámos mal demasiadas vezes – na medida em

As religiões têm o hábito de se apoderarem de coisas que não lhes pertenciam originalmente, como aconteceu com a Igreja de San Lorenzo em Miranda, Roma, construída no século XVII sobre as ruínas do templo romano de Antoninus e Faustina.

que, no processo de nos livrarmos de ideias inviáveis, renunciámos desnecessariamente a algumas das partes mais úteis e interessantes das fés.

4.
É claro que a estratégia delineada neste livro aborrecerá apoiantes dos dois lados do debate. Os religiosos ficarão ofendidos com uma análise aparentemente brusca, seletiva e sem método dos seus credos. Protestarão que as religiões não são bufetes onde podem ser selecionados elementos variados por capricho. Porém, a ruína de muitas fés foi a sua insistência insensata de que os adeptos têm de comer tudo o que está no prato. Porque é que não haveria de ser possível apreciar a representação do recato nos frescos de Giotto e ignorar a doutrina da anunciação, ou admirar a ênfase budista na compaixão e evitar intencionalmente as suas teorias da vida depois da morte? Para uma pessoa desprovida de crença religiosa, apropriar-se de uma série de fés poderá não ser um crime maior do que é para um amante de literatura escolher um punhado de escritores preferidos do cânone. Se aqui são referidas apenas três das 21 maiores religiões do mundo, não é sinal de favoritismo ou impaciência, apenas uma consequência da forma como a ênfase deste livro está na comparação da religião em geral com o reino secular, em vez de comparar uma série de religiões umas com as outras.

Os ateus do tipo militante também podem sentir-se ultrajados, no seu caso, por um livro que trata a religião como se ela merecesse ser uma pedra de toque continuada para os nossos desejos. Referirão a furiosa intolerância institucional de muitas religiões e a abundância igualmente rica, embora menos ilógica e restritiva, de consolo e conhecimento disponíveis através da arte e da ciência. Também poderão perguntar porque é que uma pessoa que se professa incapaz de aceitar tantas facetas da religião – que se sente incapaz de defender os nascimentos virgens, por exemplo, ou aceitar as reivindicações reverentemente feitas nas lendas *jatakas* sobre a identidade do Buda como um coelho reencarnado – desejaria ainda assim associar-se a um tema tão comprometido como a fé.

A resposta a isto é que as religiões merecem a nossa atenção devido à sua pura ambição conceptual; por mudarem o mundo de uma forma que poucas instituições seculares alguma vez fizeram. Elas conseguiram combinar teorias sobre ética e metafísica com um envolvimento prático em educação, moda, política, viagens, hospedarias, cerimónias de iniciação, edição, arte e arquitetura – uma gama de interesses que envergonha o âmbito de realizações até dos maiores e mais influentes movimentos seculares e individuais da história. Para aqueles que se interessam pela disseminação e pelo impacto de ideias, é difícil não ficarem mesmerizados com exemplos dos movimentos educativos e intelectuais mais bem-sucedidos que o planeta jamais testemunhou.

5.
Para concluir, este livro não pretende fazer justiça a religiões específicas; elas têm os seus apologistas. Em vez disso, tenta examinar aspetos da vida religiosa cujos conceitos podem ser produtivamente aplicados aos problemas da sociedade secular. Tenta efervescer os aspetos mais dogmáticos das religiões para incutir alguns aspetos delas que podem revelar-se oportunos e consoladoresnas mentes contemporâneas céticas que enfrentam as crises e aflições da existência finita num planeta agitado. Espera salvar algumas das coisas que são belas, tocantes e sábias de tudo o que já não parece verdadeiro.

II

Comunidade

i. Conhecer Desconhecidos

1.
Uma das perdas que a sociedade moderna sente mais profundamente é a de uma sensação de comunidade. Temos tendência para imaginar que existiu em tempos um nível de boa vizinhança que foi substituído pela desumana anonimidade, um estado em que as pessoas estabelecem contacto umas com as outras acima de tudo com objetivos limitados e individualistas: o lucro financeiro, a promoção social ou o amor romântico.

Alguma dessa nostalgia centra-se na nossa relutância em darmos caridosamente a pessoas que precisam, mas também estaremos provavelmente preocupados com sintomas mais mesquinhos de separação social, com a nossa incapacidade de nos cumprimentarmos na rua, por exemplo, ou de ajudarmos os vizinhos mais idosos a transportarem as compras. Como vivemos em cidades gigantescas, temos tendência a ficar aprisionados em guetos tribais baseados em educação, classe e profissão e podemos começar a ver o resto da humanidade como um inimigo, em vez de um coletivo solidário a que aspiramos pertencer. Pode ser extraordinário e estranho começarmos uma conversa de improviso com uma pessoa desconhecida num espaço público. Quando passamos os trinta anos, é até algo surpreendente fazermos novos amigos.

Na tentativa de compreender o que pode ter corroído a nossa noção de comunidade, tem sido tradicional atribuir um papel importante à privatização da crença religiosa que ocorreu na Europa e nos Estados Unidos no século XIX. Os historiadores sugeriram que começámos a ignorar os nossos vizinhos aproximadamente ao mesmo tempo que deixámos de honrar

coletivamente os nossos deuses. Isto suscita a questão do que as religiões podem ter feito, antes dessa altura, para aumentar o espírito de comunidade e, mais praticamente, se a sociedade secular poderá alguma vez recuperar esse espírito sem contar com a superestrutura teológica a que esteve em tempos ligada. Será possível reivindicar uma noção de comunidade sem ter de a apoiar em fundamentos religiosos?

2.
Se examinarmos mais minuciosamente as causas da alienação moderna, alguma da nossa sensação de solidão resume-se a simples números. Os milhares de milhões de pessoas que vivem no planeta tornam a ideia de falar com um desconhecido mais ameaçadora do que era em dias mais esparsos, porque a sociabilidade parece ser proporcionalmente inversa à densidade demográfica. Regra geral, só falamos de bom grado com pessoas quando também temos a opção de as evitar completamente. Enquanto o beduíno de cuja tenda se avistam cem quilómetros de areia desolada tem a necessidade psicológica de oferecer um acolhimento caloroso a todos os desconhecidos, os seus contemporâneos urbanos, embora no fundo não sejam menos bem-intencionados ou generosos, não podem – para preservar um pouco de serenidade interior – dar sinal sequer de repararem nos milhões de seres humanos que estão a comer, dormir, discutir, copular e morrer a centímetros deles, de todos os lados.

Depois, também há a questão de como somos apresentados. Os espaços públicos onde, normalmente, encontramos outras pessoas – os comboios suburbanos, os passeios apinhados de gente, as multidões nos aeroportos – conspiram para projetar uma imagem das nossas identidades que enfraquece a nossa capacidade de nos mantermos fiéis à ideia de que cada pessoa é necessariamente o centro de uma individualidade complexa e preciosa. Pode ser difícil mantermo-nos otimistas em relação à natureza humana após um passeio por Oxford Street ou um transbordo no Aeroporto O'Hare.

Costumávamos sentir-nos mais ligados aos nossos vizinhos em parte porque eles também eram muitas vezes nossos colegas. A casa nem sempre foi um dormitório anónimo onde se chega tarde e de onde se sai cedo. Os vizinhos conheciam-se bem, não tanto por serem grandes conversadores, mas por terem de recolher o feno ou colocar o telhado da escola juntos, e esses projetos ajudavam de uma forma natural e sub-reptícia a manutenção de ligações. Porém, o capitalismo tem pouca paciência para a produção local e para as empresas familiares. Pode até preferir que não tenhamos qualquer contacto com os nossos vizinhos, não vão eles atrasar-nos a caminho do escritório ou desencorajar-nos de fazer uma compra *online*.

No passado, conhecíamos os outros porque não tínhamos outra alternativa a não ser pedir-lhes ajuda – e, por sua vez, eles também nos pediam ajuda a nós. A caridade fazia parte integral da vida pré-moderna. Era impossível evitarmos momentos em que tínhamos de pedir dinheiro a um quase desconhecido ou dá-lo a um mendigo sem eira nem beira num mundo sem um sistema de cuidados de saúde, subsídios sociais, habitação social ou crédito ao consumo. A aproximação na rua de uma pessoa doente, frágil, confusa ou sem-abrigo não levava os transeuntes a desviarem imediatamente o olhar e presumirem que um organismo governamental cuidaria do problema.

De um ponto de vista puramente financeiro, nós somos muito mais generosos que os nossos antepassados jamais foram, renunciando até quase metade do nosso rendimento em nome do bem comum. Mas fazemos isto quase sem percebermos, por intermédio do anónimo sistema de impostos; e, se pensarmos no assunto, sentiremos provavelmente ressentimento por o nosso dinheiro estar a ser usado para sustentar burocracias desnecessárias ou para comprar mísseis. Raramente sentimos uma ligação com os membros menos afortunados da sociedade, a quem os nossos impostos também pagam lençóis lavados, sopa, abrigo ou uma dose diária de insulina. Nem recetor nem dador sentem a necessidade de dizer «por favor» ou «obrigado». As nossas contribuições não são consideradas – como acontecia na era cristã – a essência de uma amálgama intricada de relações mutuamente interdependentes, com benefícios práticos para o recetor e benefícios espirituais para o dador.

Fechados nos nossos casulos privados, a forma principal de imaginarmos como são as outras pessoas passou a ser os órgãos de informação, e em consequência disso esperamos naturalmente que todos os desconhecidos sejam assassinos, vigaristas ou pedófilos – o que reforça o nosso impulso para confiarmos apenas nos poucos indivíduos que foram aprovados para nós por redes preexistentes de família e classe. Nas raras ocasiões em que as circunstâncias (tempestades de neve, quedas de raios) conseguem romper as nossas bolhas herméticas e misturar-nos com pessoas que não conhecemos, tendemos a maravilhar-nos por os nossos concidadãos terem evidenciado um interesse surpreendentemente reduzido em cortar-nos ao meio ou molestar os nossos filhos e até poderem ser surpreendentemente agradáveis e solícitos.

Por muito solitários que nos tenhamos tornado, é claro que não abdicámos de todas as esperanças de fazer novas relações. Nas ravinas solitárias da cidade moderna não existe emoção mais

Sonhos de encontrar uma pessoa que nos poupará qualquer necessidade de outras pessoas.

honrada que o amor. No entanto, não é o amor de que as religiões falam, a vasta e universal fraternidade da humanidade, mas uma variedade mais ciumenta, restrita e, em última análise, mais perniciosa. É um amor romântico que nos lança numa busca maníaca por uma única pessoa com quem esperamos alcançar uma comunhão completa durante a vida inteira, uma pessoa em especial que nos poupará qualquer necessidade de pessoas em geral.

Sempre que a sociedade moderna nos promete o acesso a uma comunidade, esta é centrada na adoração do sucesso profissional. Sentimos que estamos junto dos seus portões quando a primeira pergunta que nos fazem numa festa é «Que é que faz?». A nossa resposta a essa pergunta determinará se somos bem recebidos ou definitivamente ostracizados por sermos insignificantes. Nessas competitivas reuniões pseudocomunais apenas alguns dos nossos atributos contam como moeda com a qual podemos comprar a boa vontade de desconhecidos. O que interessa acima de tudo é o que está escrito nos nossos cartões profissionais, e as pessoas que optaram por passar a vida a cuidar dos filhos, a escrever poesia ou a tratar de pomares ficarão a saber que remam contra a corrente dominante dos poderosos e que merecem ser devidamente marginalizadas.

Tendo em conta este nível de discriminação, não constitui uma surpresa que muitas pessoas decidam dedicar-se intensamente às suas carreiras. Concentrarmo-nos no trabalho ao ponto de excluir quase tudo o resto é uma estratégia bastante plausível num mundo que aceita as realizações profissionais como os principais sinais com que podemos garantir, não apenas os meios financeiros para sobrevivermos fisicamente, mas também a atenção de que necessitamos para prosperarmos psicologicamente.

3.

As religiões parecem saber muito acerca da nossa solidão. Mesmo que acreditemos em muito pouco do que elas nos dizem sobre a vida depois da morte ou sobre as origens sobrenaturais das suas doutrinas, podemos não obstante admirar a sua compreensão do que nos separa dos desconhecidos e as suas tentativas de dissipar dois ou três dos preconceitos que nos impedem normalmente de estabelecer ligações uns com os outros.

Sem dúvida que uma missa católica não é o habitat ideal para um ateu. Uma grande parte do diálogo é ou ofensiva para a razão ou simplesmente incompreensível. Prolonga-se durante muito tempo e raramente se sobrepõe à tentação de adormecer. No entanto, a cerimónia está repleta de elementos que reforçam subtilmente os laços de afeto dos fiéis reunidos e que os ateus fariam bem em estudar e, ocasionalmente, em aprender a apropriar-se para reutilizar no reino secular.

O catolicismo começa a criar uma noção de comunidade com um cenário. Delimita um pedaço da Terra, ergue paredes à sua volta e declara que dentro dos seus parâmetros reinarão valores completamente diferentes dos que imperam no resto do mundo, nos escritórios, ginásios e salas de estar da cidade. Todos os edifícios dão aos seus proprietários oportunidades de renovar as expectativas dos visitantes e de estabelecer regras de conduta específicas para eles. A galeria de arte legitima a prática de olhar em silêncio para uma tela, o clube noturno de mover as mãos ao ritmo da música. E uma igreja, com as suas grossas portas de madeira e anjos de 135 quilos esculpidos na entrada, proporciona-nos a rara permissão de virarem-nos para um desconhecido e dizer-lhe olá sem corrermos o risco de sermos considerados predadores ou loucos. Prometem-nos que ali (nas

palavras da saudação inicial da missa) «o amor de Cristo e a unidade do Espírito Santo» pertencem a todas as pessoas que estão reunidas. A Igreja deve o seu enorme prestígio, que aumentou com o passar dos tempos, a aprendizagem e a grandeza arquitetónica, ao nosso desejo tímido de nos abrirmos a pessoas novas.

A composição da congregação também parece significativa. Os que assistem tendem uniformemente a não ser da mesma idade, raça, profissão ou nível cultural ou de rendimento; são uma mistura aleatória de almas unidas apenas pela dedicação partilhada a determinados valores. A missa quebra ativamente os subgrupos económicos e de posição social em que nos movimentamos normalmente, lançando-nos num mar mais vasto de humanidade.

Nesta época secular, presumimos muitas vezes que o amor familiar e a noção de comunidade têm de ser sinónimos. Quando os políticos modernos falam sobre o seu desejo de consertar a sociedade, é a família que apregoam como o símbolo quintessencial de comunidade. Mas o cristianismo é mais sensato e menos sentimental em relação a esta questão, pois reconhece que uma ligação à família pode de facto estreitar o círculo dos nossos afetos, distraindo-nos do desafio maior de apreender a nossa ligação com toda a humanidade; de aprender a amar os amigos como amamos os nossos familiares.

Com objetivos igualmente coletivos em mente, a Igreja pede-nos que abandonemos todas as ligações à condição terrena. São os valores interiores de amor e caridade e não os atributos exteriores de poder e dinheiro que são agora venerados. Entre as maiores façanhas do cristianismo está a sua capacidade, sem recurso a qualquer coerção para lá dos argumentos teológicos mais suaves, de persuadir monarcas e magnatas a ajoelharem-se e rebaixarem-se ao nível de um carpinteiro, e lavarem os pés de camponeses, varredores de rua e estafetas.

Porém, a Igreja faz mais do que declarar simplesmente que o sucesso material não interessa: de uma série de maneiras, permite-nos imaginar que poderíamos ser felizes sem ele. Ao avaliar os motivos que nos levam a tentar conquistar posição social, a Igreja estabelece condições sob as quais podemos renunciar de boa vontade à nossa ligação a classes e títulos. Ela parece saber que procuramos ser poderosos principalmente porque temos medo do que nos acontecerá sem uma boa posição: corremos o risco de perdermos a dignidade, de sermos tratados de forma condescendente, de termos poucos amigos e de sermos obrigados a passar os nossos dias em ambientes rudes e desencorajantes.

A missa tem um talento especial para corrigir cada um destes medos, sucessivamente. O edifício onde é celebrada é quase sempre sumptuoso. Apesar de ser tecnicamente dedicado a celebrar a igualdade do homem, a sua beleza suplanta geralmente a de palácios. A companhia também é sedutora. Desenvolvemos um desejo de sermos famosos e poderosos quando ser «como toda a gente» parece um destino perturbador, quando a norma é medíocre e deprimente. A posição elevada torna-se então uma ferramenta para nos separarmos de um grupo que nos ofende e de que temos medo. Porém, quando os fiéis reunidos numa catedral começam a cantar *Gloria in Excelsis*, temos tendência para sentir que a multidão não é nada parecida com a que encontramos nos centros comerciais ou nos meios de transporte degradados lá fora. Desconhecidos olham para o teto abobadado cheio de estrelas, ensaiam em uníssono as palavras:

«Senhor,
vinde, vivei entre o vosso povo
e dai-lhe força com a vossa graça.»
e deixam-nos a pensar que, afinal de contas, a humanidade pode não ser uma coisa assim tão má.

Em resultado disso, talvez comecemos a pensar que poderíamos trabalhar um pouco menos febrilmente, porque vemos que o respeito e a segurança que esperamos obter através das nossas carreiras já estão à nossa disposição numa comunidade calorosa e impressionante que não nos impõe requisitos mundanos para nos receber de braços abertos.

Se existem tantas referências na missa à pobreza, à tristeza, ao fracasso e à perda, é porque a Igreja vê os doentes, os fracos de espírito, os desesperados e os idosos como aspetos representativos de humanidade e (ainda mais significativamente) de nós próprios, que sentimos a tentação de negar, mas que, quando podemos reconhecê-los, nos aproximam mais da nossa necessidade uns dos outros.

Nos nossos momentos mais arrogantes, o pecado do orgulho – ou *superbia*, na formulação latina de Agostinho – domina as nossas personalidades e isola-nos das pessoas que nos rodeiam. Perdemos o interesse para os outros quando a única coisa que queremos fazer é afirmar como as coisas estão a correr bem para nós, do mesmo modo que a amizade só tem hipótese de crescer quando nos atrevemos a partilhar os nossos medos e mágoas. O resto é apenas a arte de dar espetáculo. A missa encoraja esta renúncia do orgulho. As falhas cuja exposição tanto tememos, as indiscrições pelas quais sabemos que seríamos troçados, os segredos que mantêm as nossas conversas com os nossos pseudoamigos superficiais e inertes – tudo isto emerge simplesmente

como parte da condição humana. Não temos motivos para dissimular ou mentir num edifício dedicado a honrar o terror e a fraqueza de um homem que não era nada parecido com os heróis comuns da antiguidade, nada parecido com os cruéis soldados do exército de Roma ou com os plutocratas do seu Senado, e que foi não obstante digno de ser coroado o mais importante dos homens, o rei dos reis.

4.

Se conseguirmos ficar acordados para as (e pelas) lições da missa, esta deverá no fim ter conseguido desviar-nos, pelo menos fracionariamente, dos nossos habituais eixos egocêntricos. Também deverá ter-nos dado ideias que poderemos usar para corrigir algumas das fraturas endémicas do mundo moderno.

Uma das primeiras destas ideias diz respeito ao benefício de levar pessoas para um local que deverá ser suficientemente atraente em si para suscitar entusiasmo pela noção de um grupo. Deve inspirar os visitantes a suspenderem o seu costumeiro egoísmo assustado em benefício de uma alegre imersão num espírito coletivo – um cenário improvável na maioria dos centros comunitários modernos, cuja aparência serve, paradoxalmente, para confirmar a imprudência de aderir a alguma coisa comunitária.

Em segundo lugar, a missa personifica uma lição sobre a importância de sugerir regras para orientar as pessoas nas suas interações umas com as outras. A complexidade litúrgica de um missal – a forma diretiva como este livro de instruções para a celebração de uma missa obriga os fiéis reunidos a olharem para cima, levantarem-se, ajoelharem-se, cantarem, rezarem, beberem e comerem em determinados momentos – aborda um aspeto essencial da natureza humana, que beneficia de ser orientada

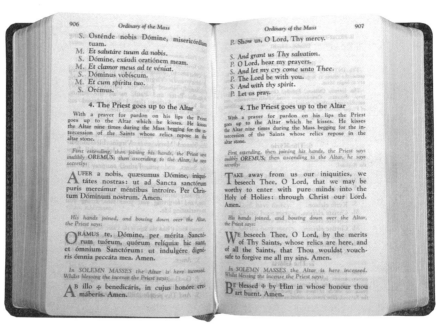

Uma idealização artificial pode, não obstante, abrir a porta a sentimentos sinceros: regras para conduzir uma missa, instruções em latim e inglês do Missal Romano, 1962.

relativamente ao comportamento com os outros. Para garantir que esses laços sociais profundos e importantes podem ser criados, uma agenda de atividades minuciosamente coreografadas pode ser mais eficaz do que deixar um grupo misturar-se futilmente sem um objetivo.

Uma última lição que pode ser retirada da missa está intimamente relacionada com a sua história. Antes de ser um serviço religioso, antes de os fiéis se sentarem em bancos voltados para um altar atrás do qual um padre ergue uma hostia e um copo de vinho, a missa era uma refeição. O que conhecemos agora como a Eucaristia começou como uma ocasião em que as primeiras comunidades cristãs esqueciam o seu trabalho e obrigações domésticas e se reuniam em volta de uma mesa (normalmente com grandes quantidades de vinho, cordeiro e pão ázimo) para celebrarem a Última Ceia. Ali conversavam, rezavam e renovavam os seus compromissos com Cristo e uns com os outros. Como os judeus na sua refeição do Sabbath, os cristãos compreenderam que, muitas vezes, é quando saciamos a nossa fome corporal que estamos mais prontos para nos dedicarmos às necessidades dos outros. Em honra da mais importante das virtudes cristãs, esses encontros passaram a ser conhecidos como *festas ágape* (amor em grego) e foram realizados regularmente por comunidades cristãs no período entre a morte de Jesus e o Concílio de Laodiceia em 364. Apenas queixas relativas à exuberância excessiva de algumas dessas refeições acabaram por levar a Igreja dos primeiros tempos a tomar a lamentável decisão de banir as festas *ágape* e sugerir que os fiéis passassem a comer em casa com as suas famílias – e reunirem-se em seguida para o banquete espiritual que conhecemos atualmente como a Eucaristia.

Antes de ser um serviço religioso, a missa era uma refeição.

5.

Parece-me relevante falar sobre refeições porque a nossa falta moderna de uma noção adequada de comunidade está patentemente refletida na forma como comemos. É evidente que não faltam, no mundo contemporâneo, lugares onde podemos comer bem com companhia – geralmente, as cidades orgulham-se do número e da qualidade dos seus restaurantes –, mas o que é importante é a falta quase universal de locais que nos ajudem a transformar desconhecidos em amigos.

Muito embora honrem aparentemente a noção de companheirismo, os restaurantes contemporâneos proporcionam-nos apenas o seu simulacro mais inadequado. O número de pessoas que frequentam restaurantes todas as noites sugere que esses lugares devem ser refúgios da anonimidade e da indiferença, mas na verdade eles não possuem mecanismos sistemáticos para apresentar os clientes habituais uns aos outros, para dissipar as suas desconfianças mútuas, para dividir os clãs em que as pessoas se segregam cronicamente ou para as fazer abrirem os seus corações e partilharem as suas vulnerabilidades com outras pessoas. O polo de atração está na comida e na decoração, nunca em oportunidades para alargar e aprofundar afetos. Num restaurante, e não menos numa casa, quando a refeição em si – a textura dos escalopes ou a qualidade das curgetes – se tornou a atração principal, podemos ter a certeza de que alguma coisa correu mal.

Os clientes habituais têm tendência a sair dos restaurantes como entraram e a experiência reafirma meramente as divisões tribais existentes. Tal como tantas instituições na cidade moderna, os restaurantes são hábeis a reunir pessoas no mesmo espaço e, no entanto, carecem de meios para as encorajarem a estabelecer um contacto sério umas com as outras quando estão lá.

A comida não era a coisa mais importante: Duccio di Buoninsegna, *A Última Ceia*, 1442.

6.

Tendo em mente os benefícios da missa e os inconvenientes das refeições contemporâneas, podemos imaginar um restaurante ideal do futuro, um Restaurante Ágape, fiel aos conhecimentos mais profundos da Eucaristia.

Um restaurante desse tipo teria uma porta aberta, um preço de entrada modesto e um interior agradável. A disposição dos lugares seria propícia a separar os grupos e etnicidades em que nos segregamos normalmente; familiares e casais seriam separados, e os amigos seriam favorecidos em relação aos familiares. Todos estariam em segurança para se aproximarem e falarem, sem medo de rejeição ou censura. Pela simples virtude de ocuparem o mesmo espaço, os convivas estariam – como numa igreja – a assinalar a sua fidelidade a um espírito de comunidade e amizade.

Sentarmo-nos à mesa com um grupo de desconhecidos tem o benefício incomparável e estranho de tornar um pouco mais difícil odiá-los com impunidade. O preconceito e os conflitos étnicos alimentam-se de abstração. Porém, a proximidade exigida por uma refeição – algo no passar travessas à volta da mesa, desdobrar guardanapos no mesmo momento, até pedir a um desconhecido para passar o sal – quebra a nossa capacidade de nos agarrarmos à convicção de que os intrusos que vestem roupas estranhas e falam com sotaques fortes merecem ser mandados para casa ou atacados. Apesar de todas as soluções políticas de grande envergadura que foram propostas para mitigar o conflito étnico, existem poucas formas mais eficazes de promover a tolerância entre vizinhos desconfiados do que obrigá-los a jantar juntos.

Muitas religiões estão conscientes de que os momentos em torno da ingestão de comida são propícios à educação moral. É como se a perspetiva iminente de algo para comer seduzisse os nossos seres normalmente resistentes a terem com outros a mesma generosidade que a mesa teve connosco. Essas religiões também sabem o suficiente acerca das nossas dimensões sensoriais e não intelectuais para perceberem que não podemos ser mantidos num caminho virtuoso apenas através das palavras. Sabem que durante uma refeição terão uma audiência concentrada, propensa a aceitar uma troca entre ideias e alimentação – por isso transformam as refeições em lições éticas disfarçadas. Interrompem-nos antes de bebermos um primeiro gole de vinho e oferecem-nos um pensamento que pode ser engolido com o líquido, como um comprimido. Fazem-nos escutar uma homilia no agradável intervalo entre dois pratos. E usam tipos específicos de comida e bebida para representarem conceitos abstratos, dizendo aos cristãos, por exemplo, que o pão representa o corpo sagrado de Cristo, informando os judeus de que o seu prato típico da Páscoa, composto por maçãs esmagadas e frutos secos, é a argamassa que os seus antepassados escravizados utilizaram para construírem os celeiros no Egito e ensinando aos budistas *zen* que as suas chávenas de chá feito lentamente são símbolos da natureza transitória da felicidade num mundo flutuante.

Quando se sentassem num Restaurante Ágape, os comensais encontrariam à sua frente manuais de certa forma reminiscentes do Haggadah judeu ou do missal católico, que estabeleceriam as regras de comportamento durante a refeição. Ninguém teria de procurar sozinho uma conversa interessante com outra pessoa, do mesmo modo que não se esperaria que os participantes na refeição de uma Páscoa judaica ou na Eucaristia cristã conseguissem descobrir por acaso e sozinhos os aspetos relevantes da história das tribos de Israel ou alcançar uma noção de comunhão com Deus.

Um Restaurante Ágape, um descendente secular da Eucaristia e da tradição da refeição comunitária cristã.

O Livro de Ágape orientaria os comensais para conversarem uns com os outros durante períodos de tempo específicos sobre tópicos pré-definidos. Como as famosas perguntas que a criança mais nova presente tem de fazer, de acordo com o Haggadah, durante a cerimónia da Páscoa dos judeus («Porque é que esta noite é diferente de todas as outras noites?», «Porque é que comemos pão ázimo e ervas amargas?», etc.), estes tópicos de conversa seriam cuidadosamente arquitetados para um propósito específico, para persuadir os convidados a fugirem de expressões habituais de *superbia* («Que é que faz?» «Que escola frequentam os seus filhos?») e preferirem uma revelação mais sincera de si mesmos («Que é que lamenta?» «A quem é que não pode perdoar?» «Que é que teme?»). Tal como na missa, a liturgia inspiraria caridade no sentido mais profundo, uma capacidade de reagir com complexidade e compaixão à existência dos nossos semelhantes.

Uma pessoa conheceria relatos de medo, culpa, raiva, melancolia, amor não correspondido e infidelidade que criariam uma impressão da nossa insanidade coletiva e fragilidade cativante. As nossas conversas libertar-nos-iam de algumas das nossas fantasias mais distorcidas sobre as vidas dos outros, revelando a dimensão em que, atrás de fachadas bem defendidas, a maior parte de nós está a perder algum juízo – e tem por isso razão para estender a mão ao nosso vizinho igualmente torturado.

Para novos participantes, a formalidade da liturgia do jantar começaria, sem dúvida, por parecer peculiar. No entanto, eles apreciariam gradualmente a dívida que a emoção autêntica deve às regras de conduta judiciosas. Afinal de contas, não é nada natural ajoelharmo-nos com um grupo de pessoas num chão de pedra a olhar para um altar e entoarmos em uníssono:

Beneficiamos em termos livros que nos ditam as regras de comportamento à mesa. Aqui, um Haggadah de Barcelona (*c.* 1350), um manual de instruções para uma refeição da Páscoa dos judeus coreografada com precisão, destinada a transmitir uma lição da história judaica ao mesmo tempo que reanima uma noção de comunidade.

«Senhor,
oramos pelo vosso povo que acredita em Vós.
Que ele sinta a dádiva do vosso amor,
a partilhe com outros,
e a espalhe por toda a parte.
Pedimos isto em nome de Jesus, nosso Pai.
Ámen.»

e, no entanto, os fiéis que assistem a uma missa não possuem comandos tão estruturados contra a sua religião; em vez disso, aceitam-nos de bom grado, por gerarem um nível de intensidade espiritual que seria impossível reunir num contexto mais casual.

Graças ao Restaurante Ágape, o nosso medo de desconhecidos desapareceria. Os pobres comeriam com os ricos, os negros com os brancos, os ortodoxos com os seculares, os bipolares com os equilibrados, os operários com os administradores, os cientistas com os artistas. A pressão claustrofóbica para retirarmos todas as nossas satisfações das relações existentes abrandaria, bem como o nosso desejo de conquistar prestígio através da entrada nos chamados círculos de elite.

A noção de que poderíamos remendar alguns dos rasgões do tecido social moderno através de uma iniciativa tão modesta como uma refeição coletiva parecerá ofensiva para aqueles que têm maior confiança no poder das soluções legislativas e políticas para curar os males da sociedade. Porém, esses restaurantes não seriam uma alternativa aos métodos políticos tradicionais. Seriam um passo prévio dado para nos humanizarmos uns aos outros nas nossas imaginações, para podermos envolver-nos depois de uma forma mais natural com as nossas comunidades e, espontaneamente, renunciarmos a alguns dos nossos impulsos de egoísmo, racismo, agressão, medo e culpa

Uma refeição da Páscoa dos judeus: existem nela mecanismos sociais que são tão úteis e complexos como os de um parlamento ou de um tribunal.

que estão na base de tantas das questões que preocupam a política tradicional.

O cristianismo, o judaísmo e o budismo fizeram contributos importantes para a política dominante, mas a sua relevância para os problemas do coletivo talvez nunca seja maior do que quando se afastam do guião político moderno e nos lembram de que também é válido estarmos numa sala com cem conhecidos a cantarmos um hino em conjunto, ou lavarmos cerimoniosamente os pés de um desconhecido, ou sentarmo-nos a uma mesa com vizinhos e partilharmos cordeiro guisado e conversa, os tipos de rituais que, tanto como as deliberações no interior de parlamentos e tribunais, ajudam a manter unidas as nossas sociedades recalcitrantes e frágeis.

Vestidas com o tradicional branco, judias israelitas percorrem uma rua vedada ao trânsito a caminho da sinagoga no Dia da Expiação.

ii. Desculpas

1.

O esforço das religiões para inspirarem uma noção de comunidade não finda com a apresentação das pessoas umas às outras. As religiões também resolveram de uma forma inteligente algumas das coisas que correm mal dentro dos grupos depois de estes serem formados.

O judaísmo tem dedicado uma atenção especial à ira: que fácil é senti-la, que difícil é expressá-la e que assustador e estranho é apaziguá-la noutras pessoas. Isto é especialmente visível no Dia da Expiação dos judeus, um dos mecanismos psicologicamente mais eficazes jamais engendrados para a resolução do conflito social.

No décimo dia do Tishrei, pouco depois do início do ano novo judaico, o Dia da Expiação (ou Yom Kippur) é um acontecimento solene e crucial no calendário hebraico. O Levítico determina que nesta data os judeus têm de esquecer as suas atividades domésticas e comerciais normais e rever mentalmente os seus atos do ano anterior, identificando todas as pessoas que magoaram ou com quem se comportaram de forma injusta. Juntos na sinagoga, têm de repetir em oração:

«Pecámos, agimos de forma traiçoeira,
roubámos, caluniámos.
Agimos de forma perversa, agimos com maldade,
agimos com presunção, fomos violentos,
dissemos mentiras.»

Em seguida, têm de procurar as pessoas que frustraram, irritaram, abandonaram com indiferença ou traíram de alguma outra forma e oferecer-lhes toda a sua contrição. Esta é a vontade

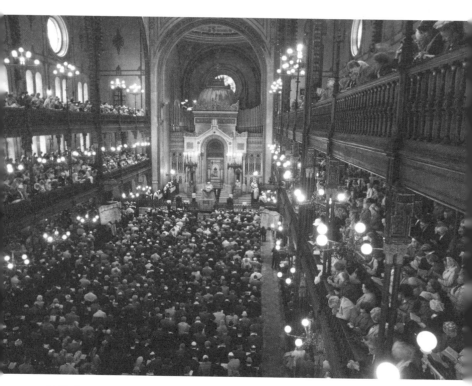

Pedir desculpa não foi uma ideia de ninguém em particular: celebração do Yom Kippur, sinagoga de Budapeste.

de Deus, e uma oportunidade rara para um perdão total. «Todas as pessoas estão em falta», diz a oração da noite, por isso, «que todo o povo de Israel seja perdoado, incluindo todos os estrangeiros que vivem no seu seio.»

Neste dia santo, os judeus são aconselhados a entrar em contacto com os seus colegas, a sentar-se com os pais e os filhos e a enviar cartas para conhecidos, namorados, namoradas e ex-amigos no estrangeiro, e a catalogar os seus momentos relevantes de pecado. Por sua vez, aqueles que recebem um pedido de desculpa são aconselhados a reconhecer a sinceridade e o esforço que o pecador investiu no pedido de perdão. Em vez de deixarem que o aborrecimento e a amargura relativamente ao suplicante se intensifiquem de novo, devem estar preparados para ultrapassar incidentes passados, conscientes de que as suas vidas também não estarão seguramente livres de culpa.

Deus desfruta de um papel privilegiado neste ciclo de perdão: ele é o único ser perfeito e, por conseguinte, o único para quem a necessidade de pedir perdão não existe. Quanto às pessoas, a imperfeição é inerente à sua natureza e, como tal, também o deve ser a vontade de contrição. Pedir perdão aos outros com coragem e honestidade define uma compreensão da, e respeito pela, diferença entre o humano e o divino.

O Dia da Expiação tem a enorme vantagem de fazer com que a ideia de pedir desculpa pareça vir de outro lado qualquer, não sendo iniciativa nem do perpetrador nem da vítima. É o dia em si que nos faz sentar a falar do incidente peculiar que aconteceu há seis meses, quando tu mentiste e eu me vangloriei e tu me acusaste de insinceridade e eu te fiz chorar, um incidente que nenhum de nós consegue esquecer mas que também não conseguimos mencionar e que tem estado a corroer lentamente a confiança e o amor que em tempos sentimos um pelo outro. É o dia que nos dá a oportunidade, na verdade a responsabilidade, de pararmos de falar das coisas de sempre e reabrirmos um caso que fingimos ter esquecido. Não estamos a contentar-nos, estamos a obedecer às regras.

2.

As diretivas do Dia da Expiação trazem consolo às duas partes de uma injúria. Como vítimas de ofensa, frequentemente não abordamos o que nos magoa, porque muitas feridas parecem absurdas à luz do dia. É chocante para a nossa razão reconhecermos o quanto sofremos pelo convite que não recebemos ou pela carta sem resposta, quantas horas de tormento dedicámos ao comentário indelicado ou ao aniversário esquecido, quando devíamos há muito estar serenos e indiferentes a tais alfinetadas. A nossa vulnerabilidade insulta o conceito que temos de nós mesmos; sofremos e ao mesmo tempo estamos ofendidos por sofrermos tão facilmente. A nossa reserva também pode ter uma faceta financeira. É provável que aqueles que nos ofenderam tenham autoridade sobre nós – são proprietários da empresa e decidem os contratos – e é este desequilíbrio de poder que nos mantém calados, mas não nos livra de amargura e raiva reprimidas.

Em alternativa, quando fomos nós que causámos dor a outra pessoa e não pedimos perdão, terá sido, talvez, porque a nossa má ação nos fez sentir uma culpa intolerável. Podemos estar tão arrependidos, que somos incapazes de pedir desculpa. Fugimos das nossas vítimas e agimos com estranha brusquidão com elas, não porque não nos incomode o que fizemos mas porque o que fizemos nos deixa desconfortáveis com uma intensidade inimaginável. Por isso, as nossas vítimas têm de sofrer, não apenas a dor original, mas também a frieza subsequente que lhes dedicamos devido às nossas consciências atormentadas.

3.
O Dia da Expiação ajudará a corrigir tudo isto. Um período durante o qual o erro humano é proclamado como uma verdade geral torna mais fácil confessar infrações específicas. É mais suportável admitir as nossas loucuras quando a autoridade suprema nos diz que somos todos à partida uns dementes infantis que merecem perdão.

O Dia da Expiação é tão catártico que é pena existir apenas um por ano. Um mundo secular poderia, sem medo de excesso, adotar a sua versão para marcar o início de cada trimestre.

iii. O Nosso Ódio da Comunidade

1.

Seria ingénuo supor que o único motivo pelo qual não conseguimos criar comunidades fortes é o sermos demasiado tímidos para dizer olá às outras pessoas. Alguma da nossa alienação social resume-se às muitas facetas da nossa natureza que não têm qualquer interesse em valores comunitários, partes que se aborrecem ou revoltam com a fidelidade, o autossacrifício e a empatia e que, em vez disso, sentem uma forte inclinação para o narcisismo, o ciúme, o despeito, a promiscuidade e a agressão gratuita.

As religiões conhecem muito bem essas tendências e reconhecem que, para funcionarem, as sociedades têm de ser controladas, sendo engenhosamente purificadas e exorcizadas e não simplesmente reprimidas. Assim, as religiões apresentam-nos uma série de rituais, muitos dos quais são, à primeira vista, estranhamente elaborados e cuja função é anular o que é imoral, destrutivo ou niilista nas nossas naturezas. É claro que esses rituais não apregoam o seu objetivo, pois fazê-lo provocaria um nível de autoconsciência que poderia levar à fuga horrorizada dos participantes, mas a sua longevidade e popularidade provam que algo vital foi conseguido através deles.

Os melhores rituais coletivos fazem uma mediação eficaz entre as necessidades do indivíduo e as do grupo. Expressos livremente, alguns dos nossos impulsos fraturariam irreparavelmente as nossas sociedades. Todavia, se fossem simplesmente reprimidos com igual força, acabariam por desafiar a sanidade dos indivíduos. Assim, o ritual concilia o eu e os outros. É uma purificação controlada e por vezes esteticamente comovente. Demarca um espaço onde as nossas exigências egocêntricas podem ser honradas e ao mesmo tempo atenuadas, para que a harmonia e a sobrevivência a mais longo prazo do grupo possam ser negociadas e garantidas.

2.
Vemos alguns destes processos em ação nos rituais judeus associados ao falecimento de um amado membro da família. Aqui, o perigo é que o enlutado fique tão destroçado pelo desgosto, que deixe de assumir as suas responsabilidades perante a comunidade. O grupo recebe então instruções para dar ao enlutado a oportunidade plena de expressar a sua tristeza enquanto, em simultâneo, exerce uma pressão suave e crescente para garantir que ele acaba por interessar-se de novo pela vida.

Nos sete dias de *shiva* que se seguem à morte, pode haver um período de confusão cataclísmica, seguido de um período mais contido de trinta dias *(shloshim)* em que a pessoa é dispensada de muitas responsabilidades de grupo, e concluído em doze meses completos *(shneim asar chodesh)* em que a memória do falecido é celebrada numa oração de defuntos durante os serviços religiosos na sinagoga. Mas ao fim de um ano, depois de se descerrar a pedra tumular *(matzevah)*, mais orações, outro serviço religioso e uma reunião em casa, o chamamento à vida e à comunidade são definitivamente reafirmados.

3.
Funerais à parte, a maioria dos rituais religiosos coletivos apresenta alegria exterior. Decorrem em salas com montanhas de comida, dança, trocas de presentes, brindes e uma atmosfera de frivolidade. No entanto, atrás da alegria também há muitas vezes um fundo de tristeza nas pessoas que estão no centro do

Como pode a tristeza ser expressada sem se tornar avassaladora? O impulso poderia ser desistir completamente da vida e da comunidade. Descerramento de uma pedra tumular judia um ano após o falecimento de um pai.

ritual, pois é provável que estejam a renunciar a uma situação de excepção para bem da comunidade como um todo. A verdade é que o ritual é uma forma de compensação, um momento de transformação em que a depleção pode ser digerida e adoçada.

É difícil assistir à maioria das festas de casamento sem perceber que, em certa medida, estas celebrações também estão a assinalar uma tristeza, a inumação da liberdade sexual e da curiosidade individual por causa de filhos e da estabilidade social, sendo a compensação da comunidade expressada através de presentes e discursos.

A cerimónia judaica do Bar Mitzvah é outro ritual ostensivamente feliz que se esforça por mitigar tensões interiores. Apesar de o seu objetivo ser, aparentemente, a celebração do momento em que um rapaz judeu entra na idade adulta, pretende igualmente reconciliar os pais com a sua maturidade em desenvolvimento. É possível que os pais sintam uma tristeza complexa ao verem chegado o fim do período de cuidados que começou com o nascimento do filho e – especialmente no caso do pai – ao pensarem que em breve terão de lidar com o seu próprio declínio e com uma sensação de inveja e ressentimento por serem igualados e suplantados por uma nova geração. No dia da cerimónia, mãe e pai são calorosamente elogiados pela eloquência e talentos do filho, ao mesmo tempo que são suavemente encorajados a começar a dar-lhe asas.

As religiões são inteligentes ao não esperarem que consigamos lidar sozinhos com todas as nossas emoções. Sabem como pode ser confuso e humilhante ter de admitir desespero, luxúria, inveja ou egomania. Compreendem a dificuldade que temos em encontrar uma forma de contar, sem ajuda, à nossa mãe que estamos furiosos com ela ou ao nosso filho que o invejamos ou à

Alguma vez precisaríamos de festividades rituais se não houvesse também alguma coisa para nos entristecer? Cerimónia de Bar Mitzvah, estado de Nova Iorque.

nossa futura mulher que a ideia de casamento nos assusta tanto como nos encanta. Assim, as religiões dão-nos dias especiais ao abrigo dos quais os nossos sentimentos perniciosos podem ser processados. Dão-nos frases para recitar e canções para cantar enquanto nos levam pelas regiões traiçoeiras das nossas mentes.

Na essência, as religiões compreendem que pertencer a uma comunidade é ao mesmo tempo muito desejável e não muito fácil. Neste aspeto, são muito mais sofisticadas do que aqueles teóricos políticos seculares que escrevem liricamente sobre a perda da noção de comunidade enquanto se recusam a reconhecer os aspetos inerentemente sombrios da vida social. As religiões ensinam-nos a sermos delicados, a nos honrarmos mutuamente, a sermos leais e sérios, mas também sabem que, se não nos deixarem sermos ou fazermos o contrário, de vez em quando elas quebrarão o nosso espírito. Nos seus momentos mais sofisticados, as religiões aceitam a dívida que a bondade, a fé e a doçura têm para com os seus opostos.

4.
O cristianismo medieval compreendeu sem dúvida esta dicotomia. Durante a maior parte do ano, pregava solenidade, ordem, contenção, camaradagem, seriedade, amor a Deus e decoro sexual, e depois, na Véspera de Ano Novo, abria as trancas da psique coletiva e libertava a *festum fatuorum*, a Festa dos Tolos. Durante quatro dias, o mundo ficava voltado de cabeça para baixo: membros do clero jogavam aos dados em cima do altar, zurravam como burros em vez de dizerem «Ámen», envolviam-se em concursos de bebida nas naves das igrejas, cantavam a *Ave Maria* em arrotos e davam sermões falsos baseados em paródias aos evangelhos (o Evangelho segundo o Cu da Galinha,

Para nos mantermos sãos, podemos precisar de um momento ocasional para fazer um Sermão segundo a Unha do Pé de Lucas. Ilustração do século XIX da Festa dos Tolos do período medieval.

o Evangelho segundo a Unha do Pé de Lucas). Depois de beberem canecas de cerveja, viravam os livros sagrados de pernas para o ar, rezavam a vegetais e urinavam das torres dos sinos. «Casavam-se» com burros, amarravam pénis de lã gigantes às túnicas e tentavam fazer sexo com qualquer pessoa de qualquer género que os aceitasse.

Mas nada disto era considerado apenas uma piada. Era sagrado, uma *parodia sacra* destinada a garantir que durante o resto do ano as coisas corriam bem. Em 1445, a Faculdade de Teologia de Paris explicou aos bispos de França que a Festa dos Tolos era um acontecimento necessário no calendário cristão, «para que a loucura, que é a nossa segunda natureza e é inerente ao homem, possa esgotar-se livremente pelo menos uma vez por ano. Os barris de vinho rebentam se não os abrirmos de vez em quando para deixar entrar algum ar. Todos nós, homens, somos barris mal montados, e é por isso que permitimos a loucura em determinados dias: para, no fim, podermos voltar com maior zelo ao serviço de Deus».

A moral que devemos retirar é que, se queremos comunidades a funcionar bem, não podemos ser ingénuos em relação à nossa natureza. Temos de aceitar plenamente a intensidade dos nossos sentimentos destrutivos e antissociais. Não devíamos banir as festas e o debouche para as margens, para serem varridos pela polícia e reprovados pelos comentadores. Devíamos dar ao caos um lugar de honra aproximadamente uma vez por ano, designando ocasiões em que podemos ser dispensados durante breves momentos das duas maiores pressões da vida adulta secular: termos de ser racionais e termos de ser fiéis. Devíamos poder dizer disparates, amarrar pénis de lã aos casacos e sair à noite para nos divertirmos e copularmos ao acaso e com alegria com desconhecidos, e depois voltarmos na manhã seguinte para os nossos parceiros, que teriam eles próprios saído para fazer algo semelhante, sabendo ambas as partes que não foi nada pessoal, que foi a Festa dos Tolos que as levou a fazerem o que fizeram.

5.
A religião não nos ensina apenas os encantos da comunidade. Também nos ensina que uma boa comunidade aceita o que, em nós, não quer verdadeiramente comunidade – ou pelo menos nem sempre consegue tolerá-la nas suas formas ordeiras. Se temos as nossas festas de amor, também devemos ter as nossas festas de tolos.

Momento de libertação anual no Restaurante Ágape.

III

Bondade

i. Libertarismo e Paternalismo

1.

Quando nos tornamos adultos, raramente somos encorajados pelo Estado a sermos simpáticos com as outras pessoas. Um dos princípios cruciais do pensamento político ocidental moderno é que devemos ser deixados em paz para vivermos como quisermos sem sermos admoestados, sem medo de julgamento moral e sem sermos sujeitos aos caprichos da autoridade. A liberdade tornou-se a nossa virtude política suprema. Não se atribui ao Estado a tarefa de promover uma visão de como devemos comportar-nos uns com os outros ou de nos mandar ouvir palestras sobre cavalheirismo e delicadeza. A política moderna, quer à esquerda quer à direita, é dominada pelo que podemos chamar ideologia libertária.

Em *Sobre a Liberdade,* publicado em 1859, John Stuart Mill, um dos primeiros e mais eloquentes defensores desta abordagem sem interferência, explicou: «O poder só pode ser bem exercido sobre qualquer membro de uma comunidade civilizada, contra a sua vontade, com o objetivo de impedir que seja feito mal a terceiros. O seu próprio bem, quer físico quer moral, não é justificação suficiente.»

Neste esquema, o Estado não deveria ter aspirações de remendar o bem-estar interior ou os modos exteriores dos membros da sociedade. As manias dos cidadãos são colocadas acima de comentário ou crítica – por receio de transformar o governo naquele tipo de autoridade mais ultrajante e repugnante aos olhos dos libertários, o Estado paternalista.

2.

Por outro lado, as religiões tiveram sempre ambições muito mais diretivas, apresentando ideias de grande envergadura sobre como os membros de uma comunidade devem comportar-se uns com os outros.

Consideremos, por exemplo, o judaísmo. Certas partes do código legal judeu, a Mishnah, têm paralelos muito semelhantes no direito moderno. Existem leis divinas muito conhecidas sobre não roubar, sobre a quebra de contratos ou sobre vinganças desproporcionadas a inimigos durante a guerra.

Porém, muitos outros decretos estendem o seu alcance dramaticamente mais longe do que uma política libertária consideraria como um limite adequado. O código está obcecado com os pormenores de como devemos comportar-nos com as nossas famílias, com os nossos colegas, com desconhecidos e até com animais. Estipula que nunca devemos sentar-nos para comer uma refeição antes de termos alimentado as nossas cabras e camelos, que devemos pedir autorização aos pais quando aceitamos fazer uma viagem que demora mais de uma noite, que devemos convidar as viúvas da nossa comunidade para jantar todas as primaveras e que só devemos bater uma vez nas nossas oliveiras durante a colheita e deixar qualquer fruto que fique na árvore para os órfãos e os pobres. Essas recomendações são coroadas com instruções relativas à frequência com que se deve fazer sexo, sendo lembrado aos homens o seu dever perante Deus de fazerem regularmente amor com as suas mulheres, segundo um plano que alinha a frequência com o nível dos seus compromissos profissionais: «Os homens de meios independentes, todos os dias. Os operários, duas vezes por semana. Os condutores de burros, uma vez por semana. Os condutores de camelos, uma

O código legal judeu avisa não só que roubar é errado, mas também que um condutor de burros deve fazer sexo com a sua mulher uma vez por semana. Moisés recebe as Tábuas da Lei, numa Bíblia francesa, *c.* 834.

vez de 30 em 30 dias. Os marinheiros, uma vez de seis em seis meses.» (Mishnah, Ketubot, 5:6)

3.

Os teóricos libertários reconheceriam que é sem dúvida admirável tentar satisfazer as necessidades sexuais de uma esposa, ser generoso com as azeitonas e manter os mais velhos a par dos nossos planos de viagem. Todavia, também condenariam como peculiar e sinistra qualquer tentativa paternalista de converter essas aspirações em leis religiosas. Segundo uma visão libertária do mundo, o momento em que se alimenta o cão e se convidam viúvas para jantar são questões para a consciência do indivíduo e não para o julgamento da comunidade.

Na opinião dos libertários, na sociedade secular deve haver uma linha firme para separar entre a conduta que está sujeita à lei e a conduta que está sujeita à moral pessoal. Devem ser os parlamentos, as forças policiais, os tribunais e as prisões a impedir que aconteça mal à vida ou aos bens de um cidadão – mas variedades mais ambíguas de prejuízo devem manter-se sob a alçada exclusiva da consciência individual. Assim, o roubo de um boi é uma questão para ser investigada pela polícia, ao passo que a opressão do espírito de uma pessoa devido a duas décadas de indiferença passadas em reclusão está fora da alçada das autoridades.

A relutância em envolver-se em assuntos privados está menos enraizada na indiferença do que no ceticismo, e mais especificamente na dúvida penetrante de que alguém consiga alguma vez estar em posição de saber exatamente o que é a virtude, e muito menos como poderia ela ser incutida nos outros de uma forma segura e judiciosa. Conscientes da complexidade inerente das escolhas éticas, os libertários não podem deixar de notar como poucas questões se enquadram claramente em categorias inexpugnáveis de certo e errado. O que surge como uma verdade óbvia para uma pessoa pode ser visto por outra como um preconceito culturalmente tendencioso. Olhando retrospetivamente para séculos de autoconfiança religiosa, os libertários ficam petrificados com os perigos da convicção. Uma aversão ao moralismo rudimentar baniu as conversas sobre moral da esfera pública. O impulso para questionar o comportamento de outros treme diante da resposta provável: quem és tu para me dizer o que fazer?

4.
No entanto, existe um contexto em que preferimos espontaneamente a intervenção moralista à neutralidade, um contexto que domina as vidas práticas de muitos de nós e minimiza todas as outras preocupações em termos do seu valor: a tarefa de educar os nossos filhos.

Ser pai é inevitavelmente mediar à força as vidas dos filhos, na esperança de que um dia eles cresçam e se tornem não apenas pessoas cumpridoras da lei mas também pessoas *boas* – isto é, atenciosas com os seus companheiros, generosas com os órfãos, autoconscientes dos seus motivos e sem vontade de se abandonarem à preguiça e à autocomiseração. Na sua dimensão e intensidade, as admoestações dos pais rivalizam com as que estão expressas na Mishnah judaica.

Confrontados com as mesmas duas perguntas que tanto perturbam os teóricos libertários na esfera política – «Quem és tu para me dizer o que fazer?» e «Como é que sabes o que é certo?» –, os pais têm pouca dificuldade em encontrar respostas viáveis. Mesmo quando frustram os desejos imediatos dos filhos (muitas vezes com gritos capazes de perfurar os tímpanos), tendem a ter a certeza de que estão a orientá-los para agirem de acordo com normas que eles respeitariam com a melhor vontade se fossem capazes de razão e autocontrolo plenamente desenvolvidos.

O facto de esses pais favorecerem o paternalismo nas suas casas não significa que se tenham esquecido de todas as suas dúvidas éticas. Eles argumentariam que é eminentemente razoável não ter certezas em relação a certas questões importantes – se os fetos deveriam alguma vez ser abortados depois das 24 semanas, por exemplo –, ao mesmo tempo que se mantêm supremamente confiantes em relação às questões mais pequenas, como por exemplo se é certo uma criança dar uma bofetada ao irmão mais novo ou sujar o teto do quarto com sumo de maçã.

Para darem uma forma concreta aos seus pronunciamentos, os pais são muitas vezes levados a elaborar quadros de estrelas, complexos acordos políticos domésticos (normalmente encontrados nas partes laterais dos frigoríficos ou nas portas das despensas) que determinam com pormenores exaustivos os comportamentos específicos que esperam dos filhos e que premeiam.

Reparando nas melhorias comportamentais consideráveis que estes quadros tendem a produzir (a par da satisfação paradoxal que as crianças parecem sentir ao verem os seus impulsos mais desordeiros monitorizados e restringidos), os adultos libertários podem sentir-se tentados a sugerir, com uma gargalhada modesta perante uma ideia tão flagrantemente absurda, que eles próprios poderiam beneficiar de um quadro de estrelas pendurado na parede, para se manterem a par das suas próprias excentricidades.

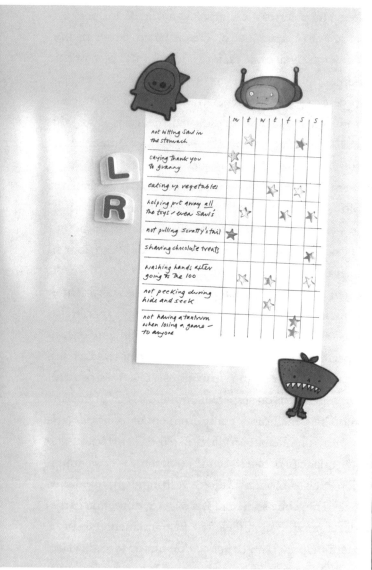

Mesmo os pais teoricamente mais libertários tendem a reconhecer a vantagem dos quadros de estrelas quando lidam com crianças de quatro anos.

5.

Se a ideia de um quadro de estrelas para adultos parece estranha mas não totalmente isenta de mérito é porque, nos nossos momentos mais maduros, estamos conscientes da dimensão das nossas imperfeições e da intensidade da nossa infantilidade. Há muitas coisas que gostaríamos de fazer mas nunca concretizamos e muitas formas de comportamento que aceitamos nos nossos corações mas ignoramos nas nossas vidas quotidianas. Porém, num mundo obcecado com a liberdade, existem poucas vozes que alguma vez se atrevam a exortar-nos a agir bem.

As exortações de que precisaríamos não são geralmente muito complexas: perdoar os outros, resistir à ira, atrever-se a imaginar as coisas do ponto de vista do outro, colocar os nossos dramas em perspetiva... Agarramo-nos a uma visão inutilmente sofisticada de nós próprios se pensamos que estamos acima de ouvir chamadas de atenção pertinentes, francas e despretenciosas sobre bondade. Há uma sabedoria maior em aceitar que, na maioria das situações, somos seres bastante simples com falta de muita da orientação bondosa, firme e básica que é naturalmente oferecida às crianças e aos animais domésticos.

Os verdadeiros perigos para as nossas hipóteses de nos aprefeiçoarmos são diferentes dos que são concebidos pelos libertários. Na maioria das sociedades desenvolvidas, o problema já não é a falta de liberdade. A nossa ruína reside na incapacidade de aproveitarmos ao máximo a liberdade que os nossos antepassados conquistaram para nós com tanta dificuldade ao longo de três séculos. Fartámo-nos de podermos fazer o que queremos sem sensatez suficiente para tirar partido da liberdade que usufruímos. Não se trata essencialmente de ficarmos à mercê de autoridades paternalistas cujas reivindicações nos melindram e de que queremos livrar-nos. O perigo é bastante diferente: enfrentamos tentações que injuriamos nos interlúdios em que conseguimos manter uma distância em relação a elas, mas às quais não temos qualquer encorajamento para resistir, apesar de acabarmos por sentir aversão e desapontamento connosco. O lado maduro de cada um observa, desesperado, quando o nosso lado infantil espezinha os nossos princípios mais elevados e ignora o que reverenciamos mais fervorosamente. O nosso maior desejo pode ser que alguém apareça e nos salve de nós mesmos.

Uma lembrança paternalista ocasional para nos comportarmos bem não tem de constituir uma violação da nossa «liberdade», no sentido em que este termo deve ser corretamente compreendido. A verdadeira liberdade não significa que uma pessoa seja deixada completamente sozinha; deve ser compatível com domínio e orientação.

Os casamentos modernos são um teste para os problemas criados pela ausência de uma atmosfera moral. Começamos com as melhores das intenções e um nível máximo de apoio coletivo. Todos os olhos estão postos em nós: família, amigos e funcionários do Estado parecem estar totalmente empenhados na nossa felicidade e bom comportamento mútuos. Mas, pouco depois, vemo-nos sozinhos com os nossos presentes de casamento e as nossas naturezas incompatíveis e, como somos criaturas de vontade fraca, o acordo que fizemos tão recentemente mas com tanta sinceridade começa a deteriorar-se. Desejos românticos arrebatados são materiais frágeis para construir uma relação. Tornamo-nos imprudentes e falsos uns com os outros. Surpreendemo-nos com a nossa grosseria. Tornamo-nos traiçoeiros e vingativos.

Podemos tentar persuadir os amigos que nos visitam ao fim de semana a ficarem um pouco mais porque a sua consideração e afeto nos recordam as grandes expectativas que o mundo teve para nós em tempos idos. Mas nas nossas almas sabemos que estamos a sofrer, porque não há ninguém para nos obrigar a reformar os nossos modos e fazer um esforço. As religiões compreendem isto: elas sabem que é importante ter público para manter a bondade. Assim, as fés proporcionam-nos uma galeria de testemunhas nos primórdios cerimoniais dos nossos casamentos e, dali em diante, confiam um papel de vigilantes às suas divindades. Por muito sinistra que a ideia dessa vigilância possa parecer à primeira vista, a verdade é que pode ser tranquilizador viver como se outra pessoa estivesse constantemente a observar e a desejar que aconteça o melhor a todos nós. É gratificante sentir que a nossa conduta não nos diz respeito apenas a nós; faz com que o esforço decisivo de agir bem pareça um pouco mais fácil.

6.
Os libertários podem admitir teoricamente que beneficiaríamos de orientação, mas continuam a queixar-se de que seria impossível dá-la pela simples razão de que, no fundo, já ninguém sabe o que é bom e mau. E não sabemos, como é frequentemente referido num aforismo sedutor e dramático, porque Deus morreu.

Uma grande parte do pensamento moral moderno tem estado petrificada com a ideia de que um colapso na crença em Deus deve ter danificado irreparavelmente a nossa capacidade de construir uma estrutura ética convincente para nós mesmos. Mas este argumento, apesar da sua natureza aparentemente ateia, está estranha e indevidamente associado a uma mentalidade religiosa — pois só se acreditássemos verdadeiramente a determinado nível que Deus *existiu*, e que os fundamentos da moral foram, por conseguinte, sobrenaturais na sua essência, é que o reconhecimento da sua *não*-existência atual teria algum poder de abalar os nossos princípios morais.

Todavia, se assumirmos à partida que é claro que inventámos Deus, então o argumento desfaz-se rapidamente numa tautologia – porque é que nos daríamos ao trabalho de nos sentirmos oprimidos pela culpa ética se soubéssemos que as muitas normas atribuídas a seres sobrenaturais foram criadas pelos nossos antepassados demasiado humanos?

Parece evidente que as origens da ética religiosa residem na necessidade pragmática que as primeiras comunidades tiveram de controlar as tendências de violência dos seus membros, e de incutir neles hábitos opostos de harmonia e perdão. Os códigos religiosos começaram como preceitos admonitórios, que foram depois projetados para o céu e refletidos para a terra em formas incorpóreas e majestosas. As injunções para sermos solidários ou pacientes surgiram de uma consciência de que eram essas qualidades que poderiam salvar as sociedades da fragmentação e da autodestruição. Estas regras foram tão vitais para a nossa sobrevivência, que durante milhares de anos não nos atrevemos a admitir que nós próprios as tínhamos formulado, para que elas não fossem expostas ao escrutínio crítico e a um tratamento irreverente. Tivemos de fingir que a moral vinha dos céus para a isolar das nossas prevaricações e fragilidades.

Mas se agora podemos confessar que espiritualizámos as nossas leis éticas, não temos motivo para abolir as leis em si. Continuamos a necessitar de exortações para sermos solidários e justos, ainda que não acreditemos que existe um Deus com responsabilidade no desejo de nos fazer assim. Já não temos de

Tivemos de inventar formas de nos assustarmos para fazermos o que, muito no fundo, já sabíamos que era certo: *Os Tormentos do Inferno*, iluminura de manuscrito francês, *c.* 1454.

entrar na linha por causa da ameaça do inferno ou da promessa do paraíso; só precisamos de ser lembrados de que somos nós – isto é, a parte de nós mais adulta e razoável (raramente presente no meio das nossas crises e obsessões) – quem dirige o nosso próprio estilo de vida, e que em tempos imaginávamos ser exigido por seres sobrenaturais. Uma evolução adequada da moral, da superstição para a razão, deveria significar o reconhecimento de nós próprios como autores dos nossos mandamentos morais.

7.
Claro que a nossa prontidão para aceitar orientação depende bastante do tom em que esta nos é oferecida. Entre as características mais desagradáveis das religiões está a tendência dos seus clérigos para falarem às pessoas como se eles, e apenas eles, possuíssem maturidade e autoridade moral. E, no entanto, o cristianismo nunca parece mais sedutor do que quando nega essa dicotomia criança-adulto e reconhece que no fundo somos todos bastante infantis, incompletos, inacabados, facilmente tentados e pecadores. Estamos mais dispostos a absorver lições sobre virtudes e vícios se elas nos forem transmitidas por personagens que já parecem completamente familiarizadas com as duas categorias. Daí o encanto e a utilidade continuados da ideia de Pecado Original.

A tradição judaico-cristã apercebeu-se intermitentemente de que o que pode impedir-nos de nos aperfeiçoarmos é uma sensação solitária e culpada de que somos invulgarmente maus e já não podermos ser salvos. Por conseguinte, essas religiões proclamaram com considerável sangue-frio que todos nós, sem exceção, somos criações terrivelmente defeituosas. «Eis que eu nasci na culpa; e a minha mãe me concebeu no pecado», troveja o Antigo Testamento (Salmo 51), uma mensagem ecoada no Novo Testamento: «Portanto, assim como por um só homem entrou o pecado no mundo e, pelo pecado, a morte, assim também a morte penetrou em todos os homens, pois todos pecaram.» (Romanos 5:12)

Todavia, o reconhecimento desta escuridão não é o fim da linha que o pessimismo moderno tantas vezes presume que deve ser. O facto de nos sentirmos tentados a enganar, roubar, insultar, ignorar egoistamente os outros e ser desleais é aceite sem surpresa. A questão não é se sentimos tentações chocantes mas se, de vez em quando, conseguimos elevar-nos acima delas.

A doutrina do Pecado Original encoraja-nos a avançar gradualmente no sentido do aperfeiçoamento moral, pela compreensão de que as falhas que desprezamos em nós são características inerentes à espécie. Assim, podemos admiti-las candidamente e tentar retificá-las à luz do dia. Essa doutrina sabe que a vergonha não é uma emoção útil para nos atormentar enquanto nos esforçamos para ter um pouco menos de que nos envergonharmos. Os pensadores do Iluminismo acreditavam que estavam a fazer-nos um favor ao declararem que o homem era original e naturalmente bom. No entanto, sermos repetidamente informados da nossa decência natural pode deixar-nos paralisados de remorsos relativamente à nossa incapacidade de estarmos à altura de padrões de integridade impossíveis. Assumir a nossa tendência universal para o pecado acaba por ser um ponto de partida melhor para darmos os primeiros passos no sentido da virtude.

A ênfase no Pecado Original também contribui para responder a quaisquer dúvidas sobre quem pode ter o direito de dar conselhos morais numa era democrática. À pergunta encolerizada «E quem és tu para me dizer como devo viver?», um crente só tem de se defender com a desarmante resposta «Um pecador como tu». Todos descendemos de um único antepassado, o Adão caído em desgraça, e estamos, consequentemente, rodeados de idênticas ansiedades, tentações para a iniquidade, desejos de amor e aspirações ocasionais à pureza.

8.

Nunca descobriremos regras inatacáveis de boa conduta que respondam a todas as perguntas sobre como os seres humanos podem viver em paz e bem uns com os outros. No entanto, a falta de acordo absoluto sobre como viver uma vida boa não nos deve impedir de investigar e promover a noção teórica de uma vida desse tipo.

A prioridade da instrução moral deve ser geral, mesmo que a lista de virtudes e vícios tenha de ser específica para cada um de nós, dado que todos temos formas surpreendentemente pessoais de inclinação para a idiotice e para o despeito.

A generalização que poderíamos aventurar-nos a extrair da abordagem judaico-cristã ao bom comportamento é que seria benéfico centrarmos a nossa atenção em tipos de mau comportamento relativamente pouco importantes e não dramáticos. O orgulho, uma atitude mental aparentemente pouco importante, foi considerado merecedor de reparo pelo cristianismo, do mesmo modo que o judaísmo não considerou frívolo fazer recomendações sobre a frequência com que os casais deveriam fazer sexo.

Em contraste, consideremos a forma tardia e brusca como o Estado moderno entra nas nossas vidas com as suas injunções. Intervém quando já é tarde demais, depois de termos pegado na arma, roubado o dinheiro, mentido aos filhos ou empurrado o nosso cônjuge pela janela. Não estuda a relação dos crimes grandes com os abusos subtis. A proeza da ética judaico-cristã foi abranger mais do que apenas os vícios grandes e óbvios da humanidade. As suas recomendações incidem sobre uma série de crueldades subtis e maus-tratos que desfiguram a vida quotidiana que constituem o embrião dos crimes cataclísmicos. Ela percebeu que a brutalidade e a humilhação emocional podem ser tão corrosivas para uma sociedade que funciona bem como o roubo ou o assassínio.

Os Dez Mandamentos foram uma primeira tentativa de controlar a agressividade do homem contra o seu semelhante. Nos éditos do Talmude e nas listas cristãs de virtudes e vícios do período medieval, testemunhamos um envolvimento com tipos de maus-tratos mais discretos mas igualmente traiçoeiros. É bastante fácil declarar que é errado matar e roubar; é plausivamente necessária uma proeza maior da imaginação moral para alertar contra as consequências de fazer um comentário depreciativo ou de ser sexualmente distante.

ii. Uma Atmosfera Moral

1.

O cristianismo nunca se importou de criar uma atmosfera moral em que as pessoas pudessem apontar as suas falhas umas às outras e reconhecer que poderiam melhorar o seu comportamento.

E, como não fazia distinção importante entre adultos e crianças, o cristianismo nunca se recusou a oferecer aos seus seguidores uma gama de equivalências dos quadros de estrelas para lhes indicar direções acertadas. Um desses quadros mais bem conseguidos pode ser visto em Pádua, sob o teto abobadado da Capela Scrovegni.

No começo do século XIV, o artista florentino Giotto foi contratado para decorar as paredes da capela com uma série de frescos: seriam catorze nichos, cada um deles com um retrato que alegorizaria um vício ou virtude diferente. Do lado direito da igreja, mais próximo da nave, Giotto pintou as chamadas virtudes cardeais, Prudência, Fortaleza, Temperança e Justiça, seguidas pelas virtudes teologais da Fé, Caridade e Esperança. Diretamente em frente, foi disposta uma configuração semelhante de vícios: Loucura, Inconstância, Ira, Injustiça, Infidelidade, Inveja e Desespero. A cada um destes títulos abstratos o pintor fez corresponder figuras humanas intensas para suscitar a admiração dos espectadores e atiçar a culpa. Assim, a Ira é retratada a rasgar a roupa, a gritar para o céu numa autocomiseração indignada, enquanto dois nichos mais adiante a Infidelidade olha de soslaio com olhos traiçoeiros. Os membros da congregação sentaram-se nos bancos em frente para refletir sobre qual das virtudes tinham abraçado e de qual dos vícios tinham sido vítimas, enquanto Deus os observava da esfera celestial, com estrelas na mão.

Giotto, *Os Vícios e as Virtudes*, Capela Scrovegni, Pádua, c. 1304.

A tradição religiosa a que pertencia o quadro de estrelas de Giotto sentia-se à vontade quer para fazer propostas detalhadas sobre como as pessoas deveriam comportar-se, quer para distinguir o que considerava inquestionavelmente bom do seu oposto. Os retratos de vícios e virtudes eram ubíquos – nas contracapas das Bíblias, em livros de orações, nas paredes de igrejas e edifícios públicos – e o seu objetivo era francamente didático: destinavam-se a proporcionar uma bússola através da qual os fiéis poderiam orientar as suas vidas em direções honradas.

2.

Em contraste com este desejo cristão de criar uma atmosfera moral, os teóricos libertários argumentaram que o espaço público deveria manter-se neutro. Não deveria haver lembranças de bondade nas paredes dos nossos edifícios nem nas páginas dos nossos livros. Afinal de contas, essas mensagens constituiriam infrações dramáticas à nossa muito estimada «liberdade».

Porém, já vimos porque é que esta preocupação com a liberdade não honra necessariamente os nossos desejos mais profundos, dadas as nossas naturezas compulsivas e caprichosas. Agora também podemos admitir que, em todo o caso, os nossos espaços públicos não são sequer remotamente neutros. Estão – como um olhar rápido a qualquer avenida principal revelará – repletos de mensagens comerciais. Mesmo em sociedades dedicadas em teoria a deixar-nos livres para fazermos as nossas escolhas, as nossas mentes são continuamente manipuladas em direções que quase não reconhecemos de uma forma consciente. Por vezes, numa tentativa profilática de falsa modéstia, as agências publicitárias dizem que a publicidade não *funciona* verdadeiramente. Este argumento defende que nós somos adultos e por isso não perdemos a capacidade de raciocinar no instante em que pomos os olhos num cartaz ou catálogo muito bem fotografado. Admite-se que as crianças poderão ser menos resolutas e talvez tenham, por conseguinte, de ser protegidas de certas mensagens na televisão antes das oito horas da noite, para não desenvolverem um desejo maníaco por uma determinada pista de comboios ou por uma bebida gaseificada. Mas, aparentemente, os adultos são sensatos e possuem um autocontrolo suficiente para não alterarem os seus padrões de consumo simplesmente por serem expostos a uma série incessante de mensagens engenhosamente criadas que lhes chegam de todos os lados e meios, em todas as alturas do dia e da noite.

Porém, esta distinção entre criança e adulto é equivocamente conveniente para os interesses comerciais. A verdade é que somos todos frágeis a manter os nossos compromissos e sofremos de uma fraqueza de vontade em relação aos cantos da sereia da publicidade, sejamos a criança irascível de três anos encantada com a visão de uma quinta de brincar com um canil insuflável, sejamos um adulto de 42 anos cativado pelas possibilidades de um grelhador com um bónus de pinças e chapa elétrica.

3.

Os ateus têm tendência para lamentar os membros das sociedades dominadas pela religião, pela quantidade de propaganda que estes são obrigados a suportar, mas estão a ignorar as chamadas para a oração igualmente poderosas e contínuas que proliferam nas sociedades seculares. Um Estado libertário verdadeiramente digno desse nome tentaria restaurar o equilíbrio das mensagens que chegam aos seus cidadãos no sentido de as distanciar do meramente comercial e de as apróximar de um

Na imagem: Perdão
Não precisamos apenas de lembranças das vantagens de aperitivos deliciosos.

conceito holístico do aperfeiçoamento humano. Fiéis às ambições dos frescos de Giotto, estas novas mensagens clarificariam para nós as muitas formas nobres de comportamento que tanto admiramos atualmente mas que ignoramos de uma forma tão despreocupada.

Simplesmente, não nos interessamos durante muito tempo pelos valores mais altos, quando tudo o que nos é dado para nos convencermos do seu mérito é uma lembrança ocasional num livro de ensaios pouco vendido e vastamente ignorado escrito por um suposto filósofo – enquanto, na cidade, os talentos superlativos das agências de publicidade do globo executam a sua alquimia fantasmagórica e despertam todas as nossas fibras sensoriais em nome de um novo produto de limpeza ou um aperitivo saboroso.

Se tendemos a pensar tantas vezes em cera para o chão com cheiro a limão ou em aperitivos estaladiços de pimenta preta, mas relativamente pouco acerca da persistência ou da justiça, a culpa não é apenas nossa. O problema é que estas duas virtudes cardeais não estão geralmente em posição de se tornarem clientes da Young & Rubicam.

iii. Modelos

1.

Além de prestar atenção às mensagens nos seus espaços públicos, o cristianismo também reconhece sabiamente a medida em que os nossos conceitos de bem e mal são moldados pelas pessoas com quem passamos tempo. Sabe que somos perigosamente permeáveis ao nosso círculo social, demasiado propensos a interiorizar e imitar as atitudes e o comportamento dos outros. Simultaneamente, aceita que as pessoas com quem nos relacionamos são, em grande medida, o resultado de forças fortuitas, um conjunto peculiar de personagens retiradas da nossa infância, escola, comunidade e trabalho. Entre as poucas centenas de pessoas que encontramos regularmente, poucas serão provavelmente o tipo de indivíduos excepcionais que esgotam a nossa imaginação com as suas boas qualidades, que reforçam a nossa alma e cujas vozes queremos adotar conscientemente para estimular os nossos melhores impulsos.

2.

A escassez de modelos ideais ajuda a explicar porque é que o catolicismo coloca diante dos seus crentes cerca de 2500 dos seres humanos mais grandiosos e virtuosos que, segundo ele, já pisaram a terra. Esses santos são, cada um no seu estilo diferente, modelos de qualidades que devíamos aspirar a estimular em nós mesmos. São José, por exemplo, pode ensinar-nos a lidar calmamente com as pressões de uma jovem família e a enfrentar os problemas do emprego com um temperamento discreto e resignado. Existem momentos em que podemos querer ir abaixo e soluçar na companhia de São Judas, o santo padroeiro

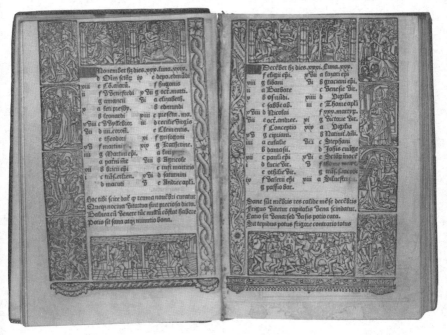

Uma oportunidade para recordar amigos: os meses de novembro e dezembro, de um livro de salmos inglês do século XVI, apresentam os dias de falecimento dos santos Hugo, Catarina, Teodoro, Edmundo, Clemente, Bárbara, Lúcia e Osmundo, entre outros.

das causas perdidas, cujos modos suaves podem consolar-nos sem necessidade de encontrarmos soluções imediatas ou mesmo esperança. Em momentos de ansiedade, poderíamos voltar-nos para São Filipe Neri, que nunca minimizaria a importância dos nossos problemas nem nos humilharia, mas saberia extrair a nossa noção do absurdo e nos faria rir terapeuticamente do nosso estado. Poderíamos achar especialmente consolador adivinhar como o imperturbável São Filipe lidaria com os imprevistos de uma reunião de família ou com a avaria do disco rígido de um computador.

Para aumentar ainda mais as nossas ligações imaginativas com os santos, o catolicismo disponibiliza calendários com listas do dia em que eles faleceram, para podermos afastar-nos do nosso círculo social regularmente e contemplar as vidas de pessoas que doaram todo o seu dinheiro e deambularam pela terra a fazer boas obras vestidas com uma túnica de tecido áspero para mortificar a carne (São Francisco) ou usaram a sua fé em Deus para voltar a unir magicamente uma orelha arrancada e a cabeça do seu transtornado proprietário (São Cuthbert).

3.
Além disso, o catolicismo compreende que é benéfico podermos ver os nossos amigos ideais nas nossas casas representados em miniaturas a três dimensões. Afinal de contas, a maioria de nós começou a sua vida com relações gratificantes com ursos e outros animais, com quem falávamos e que, por sua vez, falavam connosco. Apesar de estarem imóveis, estes animais eram hábeis a transmitir-nos as suas personalidades consoladoras e inspiradoras. Falávamos com eles quando estávamos tristes e éramos consolados quando olhávamos para o outro lado do quarto e os

Que faria ele? São Francisco de Assis à venda em diversos formatos.

víamos a passar estoicamente a noite perto de nós. O catolicismo não vê motivo para abandonar a mecânica de um relacionamento desse tipo, por isso convida-nos a comprar versões dos santos em madeira, pedra, resina ou plástico e colocá-los em prateleiras ou alcovas nos nossos quartos e corredores. Em tempos de caos doméstico, podemos olhar para uma estatueta de plástico e perguntar a nós mesmos o que São Francisco de Assis recomendaria que disséssemos agora à nossa mulher furiosa ou aos nossos filhos histéricos. A resposta pode estar dentro de nós o tempo todo, mas normalmente não emerge nem se torna efetiva enquanto não fazemos o exercício de perguntar formalmente à estatueta de um santo.

4.

Uma sociedade secular bem estruturada pensaria com igual cuidado nos seus modelos. Não se limitaria a apresentar-nos estrelas de cinema e cantores. A ausência de crença religiosa não invalida de forma alguma a necessidade continuada de «santos padroeiros» com qualidades como a Coragem, a Amizade, a Fidelidade, a Paciência, a Confiança ou o Ceticismo. Ainda podemos beneficiar de momentos em que damos espaço interno às vozes de pessoas que são mais equilibradas, corajosas e generosas do que nós – Lincoln ou Whitman, Churchill ou Stendhal, Warren Buffet ou Paul Smith – e através das quais podemos voltar a ligar-nos com as nossas possibilidades mais dignas e sérias.

5.

A perspetiva religiosa sobre a moral sugere que, no fundo, é um sinal de imaturidade opormo-nos demasiado energicamente a sermos tratados como crianças. A obsessão libertária

Até os maiores ateus precisam de referências. *Em baixo*: a secretária de Sigmund Freud em Londres, cheia de estatuetas assírias, egípcias, chinesas e romanas. *Em cima:* Ou podemos preferir Virginia Woolf.

com a liberdade ignora o quanto da nossa necessidade original de coação e orientação na infância permanece connosco e, por conseguinte, o quanto temos a aprender com as estratégias paternalistas. Não é muito simpático, nem sequer muito libertador, sermos considerados tão adultos que somos deixados sozinhos para fazermos o que quisermos.

IV

Educação

«O objetivo das universidades não é criar advogados, médicos ou engenheiros talentosos. É criar *seres humanos* capazes e cultos», John Stuart Mill.

i. O Que nos Ensinam

1.
Uma rua principal movimentada do Norte de Londres. Num bairro cheio de padarias cipriotas, cabeleireiros jamaicanos e lojas *take away* de comida bengali, fica o *campus* de uma das universidades mais recentes da Grã-Bretanha. O recinto é dominado por uma torre assimétrica de aço com doze andares que alberga, numa série de corredores pintados em tons fortes de roxo e amarelo, os anfiteatros e as salas de seminários do Departamento de Humanidades.

Na universidade, 200 000 alunos estão matriculados em 400 cursos. Este departamento específico foi inaugurado há apenas alguns meses por um ministro da Educação e por um primo da rainha, numa cerimónia agora assinalada num bloco de granito gravado embutido numa parede perto das casas de banho.

«Uma casa para "*O melhor que foi dito e pensado no mundo*"», diz a placa, usando a famosa definição de cultura de Matthew Arnold. A citação deve ter sensibilizado a universidade, pois reaparece no manual de admissões de alunos e num mural junto à máquina de bebidas na cafetaria da cave.

Existem poucas coisas em que a sociedade secular acredita tanto como na educação. A partir do Iluminismo, a educação – desde o nível primário até à universidade – passou a ser apresentada como a resposta mais eficaz para uma série dos piores males da sociedade; a conduta para moldar uma cidadania civilizada, próspera e racional.

Um olhar aos cursos de licenciatura disponíveis na nova universidade revela que mais de metade se destina a dotar os alunos de competências práticas, do tipo necessário para carreiras de sucesso em sociedades mercantis e tecnológicas: cursos de Química, Economia, Microbiologia, Direito, Marketing e Saúde Pública. Mas as reivindicações mais grandiosas feitas em nome da educação, o género de reivindicações sobre as quais lemos em prospetos ou ouvimos falar em cerimónias de entrega de diplomas, tendem a ser que as faculdades e as universidades são mais que simples fábricas de formação de tecnocratas e industriais. A sugestão é que elas têm uma missão mais importante para cumprir: podem transformar-nos em pessoas melhores, mais sábias e mais felizes.

Como afirmou John Stuart Mill, outro defensor vitoriano dos objetivos da educação: «O objetivo das universidades não é criar advogados, médicos ou engenheiros talentosos. É criar *seres humanos* capazes e cultos.» Ou, recuando até Matthew Arnold, uma educação cultural adequada deveria inspirar em nós «um amor pelo nosso vizinho, um desejo de aclarar a confusão humana e de diminuir a miséria humana». Na sua faceta mais ambiciosa, acrescentou ele, não deveria gerar nada menos que a «nobre aspiração de deixar o mundo melhor e mais feliz do que o encontrámos».

2.

O que unifica estas reivindicações ambiciosas e cativantes é a sua paixão — e o seu caráter vago. Raramente é claro em que medida é que a educação pode conduzir os estudantes para a generosidade e a verdade e para longe do pecado e do erro, muito embora seja em geral difícil fazer mais do que aprovar passivamente esta noção inspiradora, dada a sua familiaridade e a sua beleza pura.

Não obstante, não seria uma injustiça examinar a retórica pomposa à luz de certas realidades no terreno, como é revelado por uma banal tarde de segunda-feira na Faculdade de Humanidades da moderna universidade do Norte de Londres.

A escolha de departamento não foi um acaso, pois as reivindicações transformativas e líricas feitas em nome da educação estiveram quase sempre ligadas às humanidades e não à endocrinologia ou à bioestatística. É o estudo da filosofia, da história, da arte, dos clássicos, das línguas e da literatura que nos remete para as dimensões mais complexas, subtis e terapêuticas da experiência educativa.

Numa sala de aulas no canto do sétimo andar, um grupo de alunos do segundo ano do curso de História assiste a uma aula sobre reforma agrária na França do século XVIII. O argumento apresentado pelo professor, que passou 20 anos a investigar o tema, é que a causa do declínio da produção entre 1742 e 1798 teve menos que ver com colheitas más do que com o preço relativamente baixo dos terrenos agrícolas, o que encorajou os proprietários de terras a investirem o seu dinheiro no comércio e não na agricultura.

No andar de baixo, no departamento de Clássicas, 15 alunos comparam a utilização da imagística natural nas obras dos poetas romanos Horácio e Petrónio. O professor declara que, enquanto Horácio identifica a natureza com a anarquia e a decadência, Petrónio, em muitos sentidos o mais pessimista dos dois poetas, a reverencia precisamente pelas qualidades opostas. A atmosfera está um pouco pesada, talvez porque o sistema de ventilação do ar avariou e as janelas encravaram. Poucos alunos parecem estar a seguir o argumento com o interesse que o professor teria esperado quando se doutorou em Oxford 20 anos antes («Padrões de Metanarrativa no *Íon* de Eurípedes»).

Transformar vidas, satisfazer necessidades, construir carreiras.

A aplicação dos académicos universitários nas suas tarefas é intensa e comovente. E, no entanto, é difícil perceber em que medida é que o conteúdo dos seus cursos e a direção das suas perguntas de exame têm alguma relação significativa com os ideais de Arnold e Mill. Seja qual for a retórica ensaiada nos seus prospetos, a universidade moderna parece ter um interesse extremamente reduzido em ensinar aos seus alunos quaisquer competências emocionais ou éticas, e ainda menos a amar o próximo e deixar o mundo mais feliz do que o encontraram.

Os pré-requisitos para um bacharelato em Filosofia, por exemplo, estão limitados a um conhecimento dos tópicos principais da metafísica (substância, individuação, universais) e à realização de uma tese sobre conceitos de intencionalidade em Quine, Frege ou Putnam. Um nível equivalente em Literatura Inglesa será atribuído a quem conseguir analisar «The Waste Land» em planos alegóricos e anagógicos e explicar a influência das teorias dramáticas de Séneca no desenvolvimento do teatro na época de Jaime I de Inglaterra.

Os discursos de entrega de diplomas identificam estereotipicamente a educação liberal com a conquista de sabedoria e autoconhecimento, mas esses objetivos têm pouca relação com os métodos rotineiros de instrução e exames departamentais. A avaliar pelo que fazem e não pelo que declamam alegremente, as universidades têm como objetivo formar uma maioria de profissionais extremamente concentrados (advogados, médicos, engenheiros) e uma minoria de licenciados em artes culturalmente bem informados mas eticamente confusos, legitimamente em pânico sobre o que fazer o resto das suas vidas para ganhar dinheiro.

Incumbimos implicitamente o nosso sistema de educação superior de uma missão dupla e, possivelmente, contraditória:

ensinar-nos a ganhar a vida e ensinar-nos a viver. E deixámos o segundo destes dois objetivos imprudentemente vago e negligenciado.

3.
Que importa isso? Porque é que devemos preocupar-nos com as lacunas da educação universitária num livro ostensivamente dedicado à religião?

As razões começam a ser evidentes quando consideramos a relação entre o declínio no ensino das escrituras e o crescimento do ensino da cultura. Quando a crença religiosa começou a diminuir na Europa no princípio do século XIX, fizeram-se perguntas angustiadas sobre como, na ausência de uma estrutura cristã, as pessoas conseguiriam encontrar significado, compreender-se, comportar-se de uma forma moral, perdoar os outros seres humanos e confrontar a sua mortalidade. E, em resposta, uma fação influente propôs que, de futuro, se consultassem as obras culturais em lugar dos textos bíblicos. A cultura substituiria as escrituras.

A esperança era que a cultura não fosse menos eficaz do que a religião (que era interpretada como cristianismo) na sua capacidade de orientar, humanizar e consolar. Histórias, pinturas, ideias filosóficas e narrativas ficcionais poderiam ser explorados para produzir lições não muito diferentes das que eram ensinadas na Bíblia em termos de conteúdo ético e impacto emocional. Poder-se-ia ter significado sem o fardo da superstição. Os aforismos de Marco Aurélio, a poesia de Boccaccio, as óperas de Wagner e os quadros de Turner poderiam ser os novos sacramentos da sociedade secular.

Com base nessas noções, áreas temáticas que nunca antes tinham sido incluídas na educação formal começaram a ser

Saber viver não fez parte do currículo. Cerimónia de entrega de diplomas, Universidade de Oxford.

introduzidas nos currículos de universidades da Europa e dos Estados Unidos. A literatura, anteriormente ignorada por ser considerada digna de estudo apenas para raparigas adolescentes e convalescentes, foi reconhecida como um tema sério para análise nas universidades ocidentais durante a segunda metade do século XIX. O prestígio recém-descoberto de romances e poemas baseou-se na perceção de que esses formatos, muito à semelhança dos Evangelhos, podiam transmitir complexas mensagens morais repletas de narrativas emocionalmente ricas e, desse modo, desencadear a identificação e o exame de consciência afetivos. Na sua aula inaugural na Universidade de Oxford em 1922, George Gordon, professor de Literatura no Merton College, realçou a dimensão da tarefa que tinha recaído sobre a sua área: «A Inglaterra está doente, e [...] a literatura inglesa tem de salvá-la. Como as Igrejas (na minha opinião) falharam, e os remédios sociais são lentos, a literatura inglesa tem agora uma função tripla: ainda, suponho, a de nos encantar e instruir, mas também, e acima de tudo, a de salvar as nossas almas e curar o Estado.»

4.

As pretensões de que a cultura poderia substituir as escrituras – que *Middlemarch* poderia assumir as responsabilidades anteriormente detidas pelos Salmos, ou os ensaios de Schopenhauer poderiam satisfazer as necessidades em tempos supridas pela *Cidade de Deus* de Santo Agostinho – ainda soam excêntricas ou loucas na sua combinação de impiedade e ambição.

Não obstante, talvez a asserção não seja tão absurda como desconhecida. As qualidades que os religiosos encontram nos seus textos sagrados podem muitas vezes ser descobertas nas obras da cultura. Os romances e as narrativas históricas podem transmitir instrução e edificação moral de uma forma inteligente. Os grandes quadros aludem àquilo de que necessitamos para sermos felizes. A filosofia pode abordar de forma útil as nossas ansiedades e oferecer consolo. A literatura pode mudar as nossas vidas. Existem equivalentes das lições éticas da religião espalhados no cânone cultural.

Então, porque é que a noção de substituir a religião pela cultura, de viver de acordo com os ensinamentos da literatura e da arte como os crentes vivem de acordo com as lições da fé, continua a parecer-nos tão peculiar? Porque é que os ateus não conseguem inspirar-se na cultura com a mesma espontaneidade e rigor que os religiosos aplicam aos seus textos sagrados?

Este reconhecimento das nossas inibições traz-nos de volta à influência da principal defensora e difusora da cultura no mundo moderno, a universidade. As metodologias que as universidades empregam hoje em dia para a disseminação da cultura estão fundamentalmente em conflito com as intensas ambições neorreligiosas acalentadas em tempos por cristãos não praticantes ou céticos como Arnold e Mill. Embora tenham atingido uma especialização sem paralelo na transmissão de informações factuais sobre cultura, as universidades continuam a não ter interesse em formar os alunos para as usarem como um repertório de sabedoria – referindo-se este último termo a um tipo de conhecimento relacionado com coisas que são não apenas verdadeiras mas também intimamente benéficas, um conhecimento que pode servir-nos de consolo quando somos confrontados com os infinitos desafios da existência, desde um patrão tirânico até uma lesão fatal no fígado.

Não nos falta de modo algum material a que poderíamos recorrer para substituir os textos sagrados; estamos simplesmente

Um aluno de Literatura Medieval, Universidade de Oxford.

a tratar esse material da forma errada. Não estamos dispostos a considerar a cultura secular de uma forma suficientemente *religiosa* ou, por outras palavras, como uma fonte de orientação. Muitos ateus têm-se oposto tanto ao conteúdo da fé religiosa, que se esqueceram de apreciar o seu objetivo global inspirador e ainda válido: proporcionar-nos um conselho bem estruturado sobre como vivermos as nossas vidas.

5.
As diferenças entre as abordagens secular e religiosa à educação reduzem-se à questão do objetivo da aprendizagem.

É uma questão que tende a irritar as pessoas responsáveis pelo ensino da cultura em instituições seculares. A pergunta sobre porque é que as pessoas devem dar-se ao trabalho de estudar história ou literatura é geralmente considerada impertinente e argumentativa e fica muitas vezes sem resposta. Os académicos na área das humanidades estão conscientes de que os seus pares nos departamentos técnico e científico podem sem problema justificar o seu trabalho em termos utilitários a funcionários governamentais e beneméritos impacientes (na eventualidade improvável de alguém querer saber, futilmente, qual seria o objetivo da ciência espacial ou da saúde pública). Porém, com receio de não conseguirem competir eficazmente com estes rivais, os habitantes das humanidades preferem refugiar-se na ambiguidade e no silêncio, tendo calculado cuidadosamente que têm prestígio suficiente para poderem deixar as razões da sua existência algo dúbias.

Quando confrontados pelas pessoas que exigem que a cultura seja relevante e útil, que ofereça conselhos para a escolha de uma carreira ou para sobreviver ao fim de um casamento, para conter os impulsos sexuais ou para lidar com a notícia de uma sentença de morte médica, os guardiões da cultura tornam-se desdenhosos. As suas audiências ideais são alunos que não têm tendência para o drama nem para se envolverem, que são maduros, independentes, temperamentalmente capazes de viver com perguntas e não com respostas e que depressa põem de parte as suas necessidades em nome de anos de estudo desinteressado sobre produções agrícolas na Normandia do século XVIII ou sobre o infinito no reino numenal de Kant.

6.

Entretanto, o cristianismo considera o objetivo da educação de outro ângulo, porque tem um conceito inteiramente diferente da natureza humana. Não tem paciência para teorias que insistem na nossa independência ou na nossa maturidade. Como alternativa, acredita que, no fundo, somos criaturas desesperadas, frágeis, vulneráveis e pecadoras, muito menos sábias do que bem informadas, sempre à beira da ansiedade, torturadas pelas nossas relações, com pavor da morte – e, acima de tudo, com necessidade de Deus.

De que espécie de educação poderiam beneficiar esses infelizes desamparados? Muito embora a capacidade do pensamento abstrato não seja considerada de forma alguma indigna pelo cristianismo, e na verdade até seja um sinal potencial de graça divina, a sua importância é tida como secundária quando comparada com a capacidade mais prática de encontrar ideias consoladoras e estimulantes para os nossos eus perturbados e irresolutos.

Conhecemos bastante bem as categorias mais importantes das humanidades, tal como são ensinadas em universidades seculares – história e antropologia, literatura e filosofia –, bem como o tipo de questões de exame que originam: Quem foram os carolíngios? Qual é a origem da fenomenologia? Que defendia Emerson? Também sabemos que este esquema deixa os aspetos emocionais das nossas personalidades desenvolverem-se espontaneamente, ou pelo menos em privado, talvez quando estamos com as nossas famílias ou a dar passeios solitários pelo campo.

Em contraste, o cristianismo dedica-se desde o começo ao nosso lado interior confuso, declarando que nenhum de nós nasce com o conhecimento de como viver; somos por natureza frágeis e caprichosos, não solidários e assediados por fantasias de omnipotência, completamente incapazes de dominar sequer um pouco do bom senso e da calma que a educação secular requer como ponto de partida para a sua pedagogia.

O cristianismo dedica-se a ajudar uma parte de nós que a linguagem secular tem dificuldade até em nomear, que não é exatamente inteligência ou emoção, nem caráter ou personalidade, mas outra entidade ainda mais abstrata, vagamente relacionada com todas aquelas e no entanto diferenciada delas por conter uma dimensão ética e transcendente – e a que podemos muito bem referir-nos, seguindo a terminologia cristã, como a *alma*. A tarefa essencial da máquina pedagógica cristã tem sido estimular, tranquilizar, consolar e orientar as nossas almas.

Ao longo da sua história, o cristianismo empreendeu longos debates acerca da natureza da alma, especulando sobre o seu aspeto, onde estaria localizada e qual a melhor forma de a educar. Nas suas origens, os teólogos pensavam que a alma se assemelhava a um bebé em miniatura que Deus inseria na boca de um recém-nascido no momento do nascimento.

Na outra extremidade da vida do indivíduo, no momento da morte, o bebé-alma seria então expelido, de novo pela boca.

O bebé dentro de nós e que temos de educar. Receber a alma: iluminura de uma Bíblia do início do século xv.

Desta vez, a sua trajetória seria mais ambígua: seria levada por Deus ou roubada pelo Diabo, dependendo do bem ou do mal que o seu dono tivesse feito ao longo dos anos. Uma alma boa era aquela que conseguia dar respostas certas às grandes questões e tensões da existência, uma alma marcada por virtudes divinas como a fé, a esperança, a caridade e o amor.

Mesmo que discordemos da visão cristã do que as nossas almas precisam, é difícil questionar a provocadora tese subjacente e que não parece menos relevante no reino secular que no reino religioso – a de que temos dentro de nós um âmago precioso, infantil e vulnerável que temos de alimentar e estimular na sua viagem turbulenta pela vida.

Assim, pelos seus padrões, o cristianismo não tem opção a não ser centrar a sua ênfase educativa em perguntas explícitas: Como conseguimos viver juntos? Como toleramos as falhas dos outros? Como podemos aceitar as nossas limitações e mitigar a nossa ira? Um grau urgente de didatismo é um requisito e não um insulto. A diferença entre a educação cristã e a educação secular revela-se com especial clareza nos seus respetivos modos característicos de instrução: a educação secular faz *palestras*, o cristianismo *sermões*. Em termos de objetivo, poderíamos dizer que uma está preocupada em transmitir informações e a outra em mudar as nossas vidas. Pela sua natureza, os sermões presumem que os seus públicos estão, de formas importantes, perdidos. Os títulos dos sermões de John Wesley, um dos pregadores ingleses mais famosos do século XVIII, mostram como o cristianismo procura dar conselhos práticos sobre uma série dos desafios usuais da alma: «Sobre a Bondade», «Sobre Obedecer aos Pais», «Sobre Visitar os Doentes», «Sobre a Cautela contra a Intolerância». Embora pareça improvável que pudessem alguma

Iluminura de um livro de horas do princípio do século xv que mostra uma alma que emergiu recentemente de um homem falecido e é disputada pelo Diabo e por São Miguel.

vez seduzir os ateus com o seu conteúdo, os sermões de Wesley conseguiram não obstante, como qualquer grupo de textos cristãos, categorizar o conhecimento em títulos úteis.

Embora no começo Arnold, Mill e outros esperassem que as universidades fizessem sermões seculares que nos diriam como evitar a intolerância e encontrar coisas úteis para dizer quando visitássemos pessoas doentes, esses centros de aprendizagem nunca ofereceram o tipo de orientação a que as igrejas se dedicaram, acreditando que a academia devia abster-se de fazer quaisquer associações entre obras culturais e dores individuais. Seria uma afronta chocante para a etiqueta universitária perguntar o que é que *Tess of the d'Urbervilles* poderia ensinar-nos de útil sobre o amor, ou sugerir que os romances de Henry James poderiam ser lidos com atenção para descobrir parábolas sobre como nos mantermos honestos num mundo duvidosamente mercenário.

Todavia, é precisamente a busca de parábolas que está na base da abordagem cristã aos textos. O próprio Wesley foi um homem profundamente erudito de formas que a universidade moderna honraria. Possuía um conhecimento profundamente textual do Levítico e do Evangelho segundo São Mateus, dos Coríntios e do Evangelho segundo São Lucas, mas só citava versículos destes evangelhos quando eles podiam ser integrados numa estrutura por meio de parábolas e usados para atenuar as dificuldades dos seus ouvintes. Como todos os pregadores cristãos de sermões, recorria à cultura principalmente como uma ferramenta, analisando em cada passagem bíblica as regras gerais de conduta que ela poderia exemplificar e promover.

Na esfera secular, podemos ler os livros certos mas muitas vezes não conseguimos fazer-lhes perguntas diretas, recusando-nos a pôr questões bastante vulgares e neorreligiosas por

Ensinar sabedoria e não conhecimento: John Wesley, um sermão ao ar livre em Iorque, 1746.

sentirmos embaraço em admitir a verdadeira natureza das nossas necessidades interiores. Estamos fatidicamente apaixonados pela ambiguidade e não temos sentido crítico em relação às regras da crítica da doutrina modernista que ditam que a arte grandiosa não deve ter conteúdo moral nem desejo de mudar o seu público. A nossa resistência a uma metodologia relativa a parábolas surge de uma aversão confusa à utilidade, ao didatismo e à simplicidade, e de uma presunção inquestionada de que qualquer coisa que uma criança pode compreender tem de ser, imperativamente, de natureza infantil.

No entanto, o cristianismo defende que, apesar das aparências exteriores, partes importantes de nós conservam as estruturas elementares da primeira infância. Assim, tal como as crianças, necessitamos de ajuda. O conhecimento tem de nos ser transmitido de forma lenta e cuidadosa, como um alimento cortado em pedaços comestíveis. Mais do que algumas lições por dia esgotam-nos excessivamente. Doze linhas de deuteronomia podem ser suficientes, por exemplo, juntamente com algumas notas explicativas que refiram em linguagem simples em que devemos reparar e o que há para sentirmos ali.

As técnicas que a academia tanto teme – a ênfase na ligação entre ideias abstratas e as nossas próprias vidas, a interpretação lúcida de textos, a preferência por extratos relativamente ao todo – foram sempre os métodos das religiões, que tiveram de lutar, séculos antes da invenção da televisão, com o desafio de tornar as ideias vívidas e pertinentes para audiências impacientes e distraídas. Elas perceberam desde sempre que o maior perigo que enfrentavam não era a abordagem reducionista de conceitos, mas a erosão do interesse e do apoio devido à incompreensão e apatia. Reconheceram que a clareza preserva as ideias, em vez de as enfraquecer, pois cria uma base onde pode subsequentemente assentar o trabalho intelectual de uma elite. O cristianismo estava confiante de que os seus preceitos eram suficientemente robustos para serem compreendidos a vários níveis, que poderiam ser apresentados sob a forma de xilogravuras toscas aos pequenos proprietários rurais da igreja paroquial ou discutidos em latim por teólogos na Universidade de Bolonha, e que cada iteração sancionaria e reforçaria os outros.

No prefácio de uma coletânea dos seus sermões, John Wesley explicou e defendeu a sua fidelidade à simplicidade: «Eu crio verdades simples para pessoas simples: assim sendo [...] abstenho-me de todas as especulações agradáveis e filosóficas; de todos os raciocínios perplexos e complicados; e, tanto quanto possível, até da demonstração de conhecimento. O meu desígnio é [...] esquecer tudo o que já li na minha vida.»

Um punhado de corajosos escritores seculares, entre os quais se destacam Donald Winnicott no ramo da psicanálise e Ralph Waldo Emerson na literatura, conseguiu expressar-se com uma abertura identicamente inspiradora. Mas o número destas personalidades foi lamentavelmente pequeno e a maioria também se inspirou em antecedentes religiosos para moldar e reforçar as suas suscetibilidades (Winnicott começou como metodista, Emerson como transcendentalista).

Os maiores pregadores cristãos foram *vulgares* no melhor sentido. Apesar de não abandonarem quaisquer das suas reivindicações de complexidade ou conhecimento, desejaram ajudar aqueles que iam ouvi-los.

7.

Em contraste, nós construímos um mundo intelectual cujas instituições mais famosas raramente permitem fazer as perguntas mais sérias da alma, e muito menos responder-lhes. Para abordar as incoerências da situação, poderíamos começar por reformular as nossas universidades abolindo áreas como história e literatura, categorias em última análise superficiais que, embora incluam material enriquecedor, não abordam os temas que mais atormentam e atraem as nossas almas.

As universidades reformuladas do futuro valer-se-iam do mesmo rico catálogo de cultura tratado pelos seus equivalentes tradicionais, promovendo igualmente o estudo de romances, histórias, peças e quadros, mas ensinariam esse material com o objetivo de iluminar as vidas dos estudantes em vez de se limitarem a espicaçar os objetivos académicos. *Anna Karenina* e *Madame Bovary* seriam, assim, selecionados para um curso sobre a compreensão das tensões do casamento, em vez de um curso centrado nas tendências narrativas da ficção do século XIX, do mesmo modo que as recomendações de Epicuro e Séneca seriam incluídas no programa de estudos de um curso sobre morte e não num sumário de filosofia helenística.

Os departamentos teriam de enfrentar diretamente as áreas problemáticas das nossas vidas. Os conceitos de auxílio e transformação que pairam atualmente como fantasmas nos discursos de entrega de diplomas teriam, assim, forma e seriam explorados tão abertamente em instituições laicas como são nas igrejas. Haveria aulas, entre outros tópicos, sobre estar só, reconsiderar o trabalho, melhorar as relações com as crianças, voltar a ligar--se à natureza e enfrentar a doença. Uma universidade atenta às verdadeiras responsabilidades dos artefactos culturais numa era secular estabeleceria um Departamento de Relações, um Instituto da Morte e um Centro de Autoconhecimento.

Desta forma, como Arnold e Mill teriam desejado, a educação secular começaria a superar os medos que ela própria associa à pertinência e a reformular os seus currículos para se ocupar diretamente dos nossos dilemas pessoais e éticos mais prementes.

Na imagem: Departamento de Relações.
Poucos adormeceriam.

ii. Como Somos Ensinados

1.

Reformular a educação universitária de acordo com os conhecimentos obtidos através da religião implicaria a adaptação não apenas do currículo mas também, e sobretudo, da forma como ele é ensinado.

Nos seus métodos, o cristianismo foi guiado desde o princípio por uma observação simples mas essencial que nunca impressionou os responsáveis pela educação secular: a facilidade com que esquecemos as coisas.

Os seus teólogos sabem que a nossa alma sofre do que os filósofos da antiga Grécia denominavam *akrasia*, uma tendência desconcertante para sabermos o que devemos fazer combinada com uma relutância persistente em fazê-lo, quer por fraqueza de espírito quer por distração. Todos possuímos sabedoria que, por falta de força, não usamos devidamente nas nossas vidas. O cristianismo imagina a mente como um órgão preguiçoso e inconstante, muito fácil de impressionar mas sempre inclinado a dispersar-se e a esquecer os seus compromissos. Consequentemente, a religião propõe que a questão central da educação não é tanto como neutralizar a ignorância – como os educadores seculares sugerem –, mas como combater a nossa relutância em agir de acordo com ideias que já compreendemos plenamente ao nível teórico. Segue os sofistas gregos na insistência de que todas as lições devem apelar à razão *(logos)* e à emoção *(pathos)*, e aceita o conselho de Cícero de que os oradores públicos devem ter uma capacidade tripla para provar *(probare)*, encantar *(delectare)* e persuadir *(flectere)*. Não há justificação para apresentar num murmúrio ideias que abalam o mundo.

2.

Todavia, os defensores da educação universitária secular raramente se preocuparam com a *akrasia*. Defendem implicitamente que as pessoas são afetadas por conceitos, mesmo que só os oiçam uma ou duas vezes, aos 20 anos, antes de uma carreira de 50 anos em finanças ou consultoria de mercado, de um orador que fala num tom monótono numa sala despojada. Segundo esta opinião, as ideias podem suceder-se na mente pela mesma ordem aleatória do ritmo a que cai o conteúdo de uma carteira de pernas para o ar, ou podem ser expressas com a banalidade desinteressante de um manual de instruções, sem ameaçar o objetivo global do esforço intelectual. Desde que Platão atacou os sofistas gregos por estarem mais preocupados em falar bem do que em pensar honestamente, os intelectuais ocidentais passaram a desconfiar intransigentemente da eloquência, quer falada quer escrita, acreditando que o pedagogo fluente poderia disfarçar injustamente conceitos inaceitáveis ou estéreis com palavras melífluas. Convencionou-se que a forma como uma ideia é comunicada tem pouca importância relativamente à qualidade da ideia em si. Assim, a universidade moderna não atribuiu um prémio à capacidade de oratória, orgulhando-se do seu interesse pela verdade e não pelas técnicas que garantem a sua transmissão bem-sucedida e duradoura.

É inconcebível que um qualquer leitor universitário contemporâneo seja amarrado a uma mesa depois de falecer, para lhe ser cortada a garganta e removidos o maxilar inferior, a laringe, a língua, subsequentemente montados numa caixa de ouro com pedras preciosas incrustadas a expor no centro de um santuário dedicado à memória dos seus dons oratórios. No entanto, foi precisamente este o destino de Santo António de Pádua, o frade

Isto raramente acontece aos leitores das nossas universidades: o maxilar inferior de Santo António de Pádua guardado num relicário, Basílica de Santo António, Pádua, *c.* 1350.

franciscano do século XIII que acedeu à santidade devido ao seu talento e energia excecionais para falar em público, e cujo aparelho vocal, em exposição na basílica da sua cidade natal, ainda atrai peregrinos admiradores de todos os cantos do mundo cristão. Segundo uma lenda sagrada, Santo António efetuou 10 000 sermões durante a vida e conseguia amolecer os corações dos pecadores mais determinados. Diz-se até que um dia, em Rimini, parado à beira da água, começou a declamar para ninguém em especial e depressa se viu rodeado por uma audiência de peixes curiosos e, evidentemente, gratos.

3.
Santo António foi apenas um exemplo numa longa e deliberada tradição de oratória cristã. A pregação de John Donne, o poeta jacobino e decano da Catedral de São Paulo, foi igualmente persuasiva, abordando temas complexos com uma grande clareza de raciocínio. Antecipando a possibilidade de tédio durante os seus sermões, Donne fazia com frequência pausas para resumir os seus pensamentos em frases destinadas a ficarem gravadas nas mentes irrequietas dos seus ouvintes («A idade é uma doença e a juventude é uma emboscada»). Tal como todos os aforistas convincentes, Donne dominava na perfeição as oposições binárias («Se afastarem o medo, afastam o verdadeiro amor»), no seu caso associadas a uma sensibilidade lírica que lhe permitia planar no rasto de adjetivos raros antes de arrebatar bruscamente a multidão com uma máxima de uma simplicidade despretensiosa («Nunca mandeis saber por quem o sino dobra; ele dobra por vós»). Relacionava-se com o seu público sem qualquer vestígio de pedantice de mestre-escola. As pessoas sentiam mais intensamente a verdade das suas ideias porque estas eram proferidas

Santo António a pregar aos peixes, iluminura de manuscrito do século XVI.

por uma pessoa que parecia surpreendentemente humana e imperfeita («Deito-me no meu quarto, e mando entrar, e convido Deus, e os seus Anjos do outro lado, e quando eles estão lá eu negligencio Deus e os seus anjos devido ao ruído de uma mosca, ao estrépito de uma carruagem, ao chiar de uma porta»).

Mais recentemente, a tradição da oratória cristã foi aprofundada por pregadores afro-americanos, especialmente pelos pregadores de denominações pentecostais e batistas. Em igrejas espalhadas por todo o território dos Estados Unidos, um sermão de domingo não é uma ocasião para as pessoas se sentarem com os olhos postos no relógio enquanto, de um púlpito na abside, um clérigo disseca impassivelmente a parábola do Bom Samaritano. Em vez disso, espera-se que os crentes abram os corações, deem as mãos aos vizinhos, gritem «Agora está tudo bem» e «Ámen, pregador», deixem o Espírito Santo entrar nas suas almas e, por fim, colapsem em paroxismos de berros extáticos. No púlpito, o pregador alimenta o fogo do entusiasmo da sua congregação através da técnica da pergunta e resposta, inquirindo repetidamente, numa mistura hipnotizante de expressão vernácula e vocabulário da Bíblia do rei Jaime: «Dirão Ámen? Pergunto: *dirão* Ámen?»

Por muito poderosa que seja, qualquer frase torna-se ainda mais poderosa diante de uma multidão de 500 pessoas que exclamam em uníssono depois de cada observação:

«Obrigado, Jesus.»

«Obrigado, Salvador.»

«Obrigado, Cristo.»

«Obrigado, Senhor.»

Há poucas possibilidades de resistir a um argumento teológico que flui como este, do púlpito da Igreja Batista Nova Visão em Knoxville, no Tennessee:

Seria uma palestra sobre Walt Whitman tão comovente?

«Hoje, nenhum de nós está na prisão.»
(*«Ámen, Agora está tudo bem, Ámen, Pregador»*, dizem os membros da congregação.)
«Senhor, tende piedade.»
(*«Ámen.»*)
«Por isso, irmãos e irmãs, nunca devemos estar presos nas nossas mentes.»
(*«Ámen, Pregador.»*)
«Estão a ouvir-me, irmãos e irmãs?»
(*«Ámen, ámen, ámen!»*)

 O contraste com a aula típica de um curso de humanidades dificilmente seria mais condenatório. E desnecessário. Que objetivo pode servir o formalismo da academia? Como a riqueza de sentidos dos ensaios de Montaigne pareceria maior se um arrebatado coro com mais de 100 pessoas expressasse a sua aprovação depois de cada frase. Durante quanto mais tempo poderiam as verdades filosóficas de Rousseau permanecer na nossa consciência se fossem estruturadas de acordo com versos ritmados de pergunta e resposta? A educação secular não atingirá todo o seu potencial enquanto os leitores de humanidades não aprenderem com os pregadores pentecostais afro--americanos. Só então os nossos tímidos pedagogos conseguirão perder as suas inibições durante as aulas sobre Keats ou Adam Smith e, sem o constrangimento de falsas noções de decoro, perguntar às suas audiências comatosas «Estão a ouvir-me? Pergunto, estão a *ouvir*-me?». Só *então* os seus alunos, agora chorosos, cairão de joelhos, prontos para deixarem algumas das ideias mais importantes do mundo entrar nas suas mentes e transformá-los.

4.
Para além de terem de ser transmitidas com eloquência, as ideias também têm de nos ser repetidas constantemente. Três, cinco ou dez vezes por dia, temos de ser energicamente recordados de verdades que amamos mas que, de outra forma, esqueceríamos. O que lemos às nove horas da manhã já esquecemos à hora do almoço e terá de ser relido ao anoitecer. As nossas vidas interiores devem ter uma estrutura e os nossos melhores pensamentos devem ser reforçados para contrariar a força contínua da distração e da desintegração.

As religiões tiveram a sensatez de estabelecer calendários e horários sofisticados que definem as durações e as intensidades das vidas dos seus seguidores, não deixando escapar mês, dia ou hora sem que seja administrada uma dose perfeitamente calibrada de ideias. Por dizerem com pormenor aos fiéis o que devem ler, pensar, cantar e fazer em quase todos os momentos, as agendas religiosas parecem ao mesmo tempo sublimemente obsessivas e tranquilizadoramente minuciosas. O Livro de Oração Comum, por exemplo, decreta que os seus subscritores devem reunir-se sempre às seis e meia da tarde no vigésimo sexto domingo após a Trindade, quando a luz da vela lança sombras contra as paredes da capela, para escutarem uma leitura do segundo capítulo do deuterocanónico Livro de Baruch, do mesmo modo que no dia 25 de janeiro têm de pensar sempre na Conversão de São Paulo, e na manhã de 2 de julho refletir sobre a Visitação da Abençoada Virgem Maria e assimilar as lições morais de Job 3. Os horários são ainda mais rigorosos para os católicos, cujos dias são pontuados por nada menos que sete momentos de oração. Todas as noites, às dez horas, devem, por exemplo, observar as suas consciências, ler um salmo, declarar *In manus tuas, Domine*

(«Nas tuas mãos, Senhor»), entoar o *Nunc dimittis* do segundo capítulo do Evangelho segundo São Lucas e concluir com um hino à mãe de Jesus («Virgem agora e sempre, tende piedade de nós, pecadores»).

Em contraste, a sociedade secular deixa-nos muito livres. Espera que encontremos espontaneamente o nosso caminho para as ideias que são importantes para nós e dá-nos fins de semana livres para consumo e recreação. Tal como a ciência, privilegia a descoberta. Associa a repetição à escassez punitiva, apresentando-nos um fluxo incessante de novas informações – e levando-nos, por conseguinte, a esquecer tudo.

Por exemplo, somos convencidos a ir ao cinema ver um filme que acabou de estrear e que acaba por nos comover num maravilhoso paroxismo de sensibilidade, mágoa e entusiasmo. Saímos do cinema decididos a reconsiderar toda a nossa existência à luz dos valores mostrados no ecrã e a purificarmo-nos da nossa decadência e pressa. E, no entanto, na noite seguinte, depois de um dia de reuniões e problemas, a nossa experiência cinematográfica está praticamente obliterada, como tantas outras coisas que em tempos nos impressionaram mas que depressa descartámos: a majestade das ruínas de Éfeso, a vista do monte Sinai, o recital de poesia em Edimburgo, o que sentimos depois de ler *A Morte de Ivan Ilyich* de Tolstoi. No fim, todos os artistas modernos partilham um pouco do estado sentimental dos chefes de cozinha, pois apesar de as suas obras poderem não se dissipar em si, as reações dos seus públicos dissipar-se-ão. Honramos o poder da cultura mas raramente admitimos a facilidade escandalosa com que esquecemos os seus monumentos individuais. Três meses depois de terminarmos a leitura de uma obra-prima, podemos ter sérias dificuldades em recordar uma única cena ou frase.

Não nos recordaremos do que não relemos: um calendário católico de textos.

Os nossos livros seculares preferidos não nos alertam para o facto de que uma única leitura linear se revelará inadequada. Não identificam os dias específicos do ano em que deveríamos reconsiderá-los, como fazem os livros sagrados – no último caso, com 200 pessoas à nossa volta e um órgão a tocar música de fundo. Provavelmente, existe tanta sabedoria nas histórias de Anton Chechov como nas Escrituras, mas as obras do primeiro não estão apoiadas por calendários que recordam aos leitores que devem agendar uma revisão regular das suas ideias. Na melhor das hipóteses, sublinhamos aleatoriamente algumas das frases que admiramos mais nelas e que talvez olhemos de vez em quando num momento de ócio enquanto esperamos por um táxi.

Os seguidores das fés não sentem essas inibições. Para os judeus, o ritual de leitura em voz alta dos Cinco Livros de Moisés, dois capítulos de cada vez, numa segunda-feira e numa quinta-feira, faz parte integrante da sua religião desde o fim do cativeiro na Babilónia em 537 a. C. No décimo segundo dia do mês hebraico do Tishrei, o feriado do Simchat Torah marca o fim de uma leitura dos Livros e o início da leitura seguinte, com o último capítulo do Deuteronómio e o primeiro do Génesis a serem recitados em sucessão. O congregado que foi escolhido para ler o Deuteronómio 34:1-12 é estranhamente denominado *Chatan Torah* («noivo da Tora»), ao passo que o que está encarregado de ler o Génesis é referido como *Chatan Bereshit* («noivo do Génesis»). Nós, os seculares, podemos pensar que adoramos livros, mas como a nossa ligação a eles deve parecer apagada quando comparada com a dos dois noivos que fazem sete circuitos à volta da sinagoga a entoar a sua alegria e a implorar a Deus *«Hoshiah na»* («Liberta-nos») enquanto os outros membros da congregação acenam bandeiras, se beijam uns aos outros e lançam doces sobre todas as crianças presentes. Como é lamentável que, ao virarmos a última página de *Em Busca do Tempo Perdido*, de Marcel Proust, a nossa sociedade nos considerasse peculiares caso quiséssemos competir pela honra de sermos o noivo de *No Caminho de Swann* (*Chatan Bereshit shel betzad shel Swann*).

5.
É claro que a vida secular não é alheia a calendários e horários. Conhecemo-los bem no que respeita ao trabalho e aceitamos as virtudes das lembranças de almoços de negócios, projeções de *cash-flow* e prazos para o pagamento de impostos. No entanto, de certa forma sentimos que seria uma violação da nossa espontaneidade apresentarem-nos planos para reler Walt Whitman ou Marco Aurélio. Por muito que nos sintamos comovidos com as *Folhas de Erva* ou os *Pensamentos*, negamos que possa haver necessidade de revisitar esses livros diariamente, ainda que queiramos que tenham uma influência genuína nas nossas vidas. Assustam-nos mais os efeitos potencialmente asfixiantes de sermos forçados a ter encontros estruturados com ideias do que a noção de que poderíamos correr o perigo de esquecê-las completamente.

Mas a verdade é que as esquecemos. O mundo moderno está repleto de estímulos, nenhum dos quais é mais insistente que a torrente que nomeamos com o termo «notícias». Na esfera secular, esta entidade ocupa a mesma posição de autoridade que o calendário litúrgico na esfera religiosa, com os seus principais avisos a assinalar as horas canónicas com uma precisão inquietante: as matinas foram aqui transubstanciadas no boletim informativo do pequeno-almoço e as vésperas no noticiário da noite.

O prestígio das notícias baseia-se na suposição não declarada de que as nossas vidas estão eternamente suspensas à beira da transformação crítica graças às duas forças motrizes da história moderna: a política e a tecnologia. Assim, a Terra tem de ser entrelaçada com cabos de fibra ótica, as salas de espera dos aeroportos devem estar cheias de monitores e as praças públicas das cidades engalanadas com painéis com os preços das ações.

Em contraste, as religiões raramente sentem a necessidade de alterar conhecimentos ou incrementá-las através de boletins noticiosos. As grandes verdades estáveis podem ser escritas em velino ou esculpidas em pedra em vez de passarem maleavelmente por ecrãs portáteis. Para 1,6 mil milhões de budistas, não houve qualquer notícia com importância suficiente para alterar o mundo desde 483 a. C. Para os seus homólogos cristãos, os acontecimentos cruciais da história chegaram ao fim aproximadamente no Domingo de Páscoa do ano 30, enquanto para os judeus a linha foi traçada um pouco depois da destruição do Segundo Templo pelo general romano Tito no ano 70.

Mesmo que não concordemos com as mensagens específicas que as religiões nos reservam, podemos reconhecer que pagámos um preço alto pelo nosso envolvimento promíscuo com a novidade. Ocasionalmente, sentimos a natureza da nossa perda ao fim da noite, quando desligamos por fim a televisão após termos visto uma notícia sobre a inauguração de uma linha férrea ou a conclusão irritada de um debate sobre imigração e percebemos que – numa tentativa de seguir a narrativa do ambicioso progresso do homem para um estado de perfeição tecnológica e política – perdemos uma oportunidade de lembrarmos a nós mesmos verdades mais serenas que conhecemos na teoria mas nos esquecemos de aplicar na prática nas nossas vidas.

A nossa abordagem peculiar à cultura extravasa da educação para campos associados. Suposições comparavelmente suspeitas são frequentes, por exemplo, no fabrico e na venda de livros. Também aqui nos é apresentada uma quantidade infinitamente maior de material que aquele que jamais poderemos assimilar e lutamos para nos mantermos fiéis ao que é mais importante para nós. Um estudante universitário de humanidades moderadamente aplicado no início do século XXI poderá passar os olhos por 800 livros antes de terminar a licenciatura; comparativamente, uma família inglesa rica em 1250 teria sorte se possuísse três livros, sendo esta modesta biblioteca composta por uma Bíblia, uma coletânea de orações e um compêndio com as vidas dos santos – que custariam tanto como uma casa de campo. Se lamentamos a nossa era inundada de livros é porque sentimos que não é por ler mais, mas por aprofundar e refrescar a nossa compreensão de alguns volumes, que melhor desenvolvemos a nossa inteligência e a nossa sensibilidade. Sentimo-nos culpados por tudo o que ainda não lemos, mas esquecemos que já lemos mais que Agostinho ou Dante, ignorando assim que o nosso problema reside, definitivamente, no modo de absorção e não na dimensão do nosso consumo.

Somos muitas vezes incitados a comemorar não apenas o facto de termos tantos livros à nossa disposição, mas também o facto de eles serem muito baratos. No entanto, nenhuma destas circunstâncias deveria ser necessariamente considerada uma vantagem inequívoca. O fabrico dispendioso e meticuloso de uma Bíblia na era anterior a Gutenberg – bem patente nas iluminuras com flores nas margens, nos desenhos *naïfs* de Jonas e da baleia e nos brilhantes céus azuis salpicados de pássaros exóticos por

Um livro que custa tanto como uma casa: uma página de velino com iluminura de um livro de orações do final do século xv, que descreve a Adoração dos Reis Magos.

cima da Virgem – era o resultado de uma sociedade que aceitava a contenção como base para a concentração, e que desejava elevar livros individuais a objetos de uma beleza extraordinária, para realçar a sua importância espiritual e moral.

Apesar de a tecnologia ter tornado mais ou menos absurdo sentir gratidão pela posse de um livro, a raridade continua a ter vantagens psicológicas. Conseguimos respeitar profundamente o cuidado que é dedicado à feitura de um Sefer Torah judaico, o pergaminho sagrado do Pentateuco, pois um único escrivão demorará um ano e meio a copiá-lo à mão, num pergaminho feito da pele de uma cabra morta cerimonialmente e mergulhado durante nove dias numa mistura de sumo de maçã, água salgada e bugalhos preparada por um rabino. Devíamos estar dispostos a trocar alguns dos nossos livros de bolso que se desintegram rapidamente por volumes que proclamassem, através do peso e da importância dos seus materiais, da graça da sua tipografia e da beleza das suas ilustrações, o nosso desejo de que o seu conteúdo assumisse um lugar permanente nos nossos corações.

iii. Exercícios Espirituais

1.

Além de criarem currículos alternativos para universidades e realçarem a necessidade de repetir e assimilar conhecimento, as religiões também têm sido radicais a tirar a educação da sala de aulas e a combiná-la com outras atividades, encorajando os seus seguidores a aprenderem por meio de todos os sentidos, não apenas escutando e lendo mas também, e de uma maneira mais geral, *fazendo*: comendo, bebendo, tomando banho, caminhando e cantando.

O budismo *zen*, por exemplo, propõe ideias sobre a importância da amizade, a inevitabilidade da frustração e a imperfeição dos esforços humanos. Mas não se limita a pregar esses dogmas aos seus praticantes; ajuda-os mais diretamente a apreender a sua verdade através de atividades como arranjos florais, caligrafia, meditação, caminhadas, alisamento de gravilha e, mais famosamente, tomar chá.

Como a última destas atividades também é uma prática comum no Ocidente, apesar de muito desprovida de importância espiritual, parece particularmente estranho e encantador que o budismo *zen* tenha consagrado a cerimónia do chá como um dos seus momentos pedagógicos mais importantes, tão importante para os budistas como a missa para os católicos. Durante o *chanoyu*, o nome dado à cerimónia, alguns dos mesmos sentimentos que pairam levemente num típico chá inglês são refinados, ampliados e simbolicamente ligados à doutrina budista. Cada aspeto do ritual tem significado, começando pelas taças, cujo feitio deformado reflete o afeto *zen* por tudo o que é tosco e despretensioso. A lentidão com que a infusão é feita pelo mestre da cerimónia do chá permite que as exigências do ego sejam suspensas, as decorações simples da cabana do chá destinam-se a afastar do pensamento a preocupação com a posição social, ao passo que o aromático chá muito quente ajuda a pessoa a focar-se nas verdades contidas nos caracteres chineses escritos nos pergaminhos nas paredes, caracteres esses que remetem para as virtudes budistas cruciais, como a «harmonia», «pureza» e «tranquilidade».

O objetivo da cerimónia do chá não é ensinar uma nova filosofia, mas tornar a existente ainda mais clara, através de uma atividade que traz compreensões subtis; é um mecanismo para dar vida a ideias sobre as quais os participantes já têm uma boa compreensão intelectual, embora continuem a necessitar de encorajamento para se manterem fiéis a elas.

Para dar um exemplo comparável de outra fé, os textos judaicos mencionam repetidamente a importância da expiação e as possibilidades de renovação através do reconhecimento do pecado. Porém, na religião, essas ideias são não só transmitidas pelos livros, mas também realçadas através de uma experiência corporal: uma versão ritualizada de um banho. Desde o exílio na Babilónia, o judaísmo aconselhou as suas comunidades a construírem *mikvot* – banhos sagrados, cada um dos quais contém exatamente 575 litros de água pura de nascente –, onde os judeus devem mergulhar depois de confessarem atos espiritualmente duvidosos para recuperarem a sua pureza e a sua ligação com Deus. A Tora recomenda uma imersão total num *mikveh* todas as tardes de sexta-feira, antes do Ano Novo e depois de cada emissão de sémen.

A instituição do *mikveh* baseia-se numa noção de renovação que os banhistas seculares já conhecem razoavelmente bem, mas incute-lhe uma profundidade, estrutura e solenidade maiores.

Educação 143

Uma lição sobre o significado da vida transmitida através de uma cerimónia do chá.

É claro que um ateu também pode sentir-se limpo depois de tomar um banho e sujo se não o fizer, mas, ao associar a higiene exterior à recuperação de um tipo especial de pureza interior, o *mikvek*, como tantas outras práticas simbólicas promovidas pelas religiões, consegue usar uma atividade física para apoiar uma lição espiritual.

2.

As religiões compreendem o valor de treinar as nossas mentes com um rigor que estamos acostumados a aplicar apenas no treino dos nossos corpos. Apresentam-nos uma série de exercícios espirituais destinados a reforçar a nossa inclinação para pensamentos e padrões de comportamento espirituais: sentam-nos em espaços desconhecidos, ajustam a nossa postura, orientam o que comemos, dão-nos guiões pormenorizados sobre o que devemos dizer uns aos outros e monitorizam minuciosamente os pensamentos que cruzam a nossa consciência. Fazem tudo isto, não para nos negar liberdade, mas para acalmar as nossas ansiedades e vincar as nossas capacidades morais.

Esta revelação dupla – que devemos treinar as nossas mentes como treinamos os nossos corpos, e que devemos fazê-lo em parte *através* deles – levou todas as maiores fés a criarem retiros religiosos onde os seguidores podem fugir das suas vidas normais durante um período de tempo limitado e encontrar o equilíbrio interior através do exercício espiritual.

O mundo secular não oferece paralelos verdadeiros. Os nossos equivalentes mais aproximados são hotéis rurais e *spas*, se bem que a comparação sirva apenas para revelar a nossa futilidade. As brochuras desses estabelecimentos tendem a prometer-nos oportunidades para redescobrir o que é mais essencial

Tomar banho para apoiar uma ideia: um *mikveh* judeu em Willesden, noroeste de Londres.

para nós, mostram-nos imagens de casais com roupões luxuosos, vangloriam-se da qualidade dos seus colchões e artigos de higiene ou elogiam as 24 horas de serviço de quartos. Porém, a ênfase está sempre na saciação física e na diversão mental, em vez de se centrar no verdadeiro preenchimento das necessidades das nossas almas. Esses lugares não podem ajudar-nos quando as incompatibilidades nas nossas relações atingem um novo nadir, quando a leitura dos jornais de domingo provoca pânico relativamente às nossas carreiras ou quando acordamos aterrorizados pouco antes do amanhecer, paralisados pelo pensamento de que já temos muito pouco tempo para viver. Pelo contrário, porteiros normalmente atenciosos, cheios de ideias sobre onde podemos praticar equitação ou jogar minigolfe, ficarão em silêncio quando questionados sobre as estratégias para lidar com a culpa, desejos fantasiosos ou autoaversão.

Felizmente, os retiros religiosos são um pouco mais cuidadosos nas suas atenções. São Bernardo, o fundador dos primeiros mosteiros da Ordem de Cister (organizações que no seu tempo funcionavam como retiros para laicos e residências permanentes para monges), sugeriu que todos os seres humanos estavam divididos em três partes, *corpus* (corpo), *animus* (mente) e *spiritus* (espírito), cada um dos quais devia ser cuidado com esmero em qualquer hospedaria decente.

Seguindo a tradição de São Bernardo, os retiros católicos continuam até aos nossos dias a proporcionar aos seus hóspedes um alojamento confortável, grandes bibliotecas e atividades espirituais que vão desde o *exame* – um exame de consciência que a pessoa faz três vezes por dia, sozinha e em silêncio (normalmente com uma vela acesa e uma imagem de Jesus) – até sessões com conselheiros especialmente treinados para injetar lógica e moral nos processos de pensamento confusos e corrompidos dos crentes.

Muito embora as lições específicas lá ensinadas possam diferir profundamente, os retiros budistas incorporam um empenho igual com a totalidade do ser. Depois de ouvir falar sobre um desses retiros, na província inglesa, especializado em formas de meditação na posição sentada e em caminhada, decidi comprovar pessoalmente os benefícios que um curso de exercícios espirituais poderia oferecer-me.

Às seis horas da manhã de um sábado de junho, cerca de 2573 anos depois de o Buda ter nascido não muito longe de Kapilavastu, na bacia hidrográfica do rio Ganges, sento-me num semicírculo com outros 12 noviços num celeiro reconvertido, em Suffolk. O nosso professor, Tony, inicia a sessão convidando-nos a compreender a condição humana tal como ela é vista pelos olhos budistas. Diz que a maior parte do tempo, sem que possamos escolher, somos dominados pelo nosso ego, ou, como se diz em sânscrito, o nosso *ātman*. Este centro de consciência é por natureza egoísta, narcisista e insaciável, irreconciliado com a sua própria mortalidade e levado a evitar a perspetiva da morte fantasiando sobre os poderes redentores da carreira, posição social e riqueza. É libertado como um dínamo tresloucado no momento do nosso nascimento e não tem tendência a descansar até soltarmos o último suspiro. Como o ego é inerentemente vulnerável, a sua disposição predominante é a ansiedade. É nervoso, saltando de objeto em objeto, incapaz de afrouxar a vigilância ou relacionar-se devidamente com outros. Mesmo nos contextos mais auspiciosos, nunca está longe de um implacável e vibrante rufo de tambor de preocupação, que conspira para impedir que ele se envolva sinceramente com alguma coisa fora de si

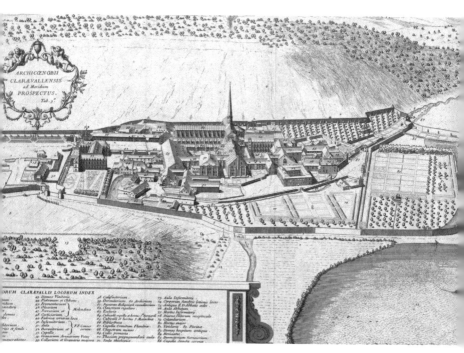

O mosteiro da Ordem de Cister em Clairvaux, 1708: um lugar de descanso para o corpo, a mente e o espírito. Cada zona do mosteiro era responsável pela cura de uma parte diferente do eu. O corpo devia ser cuidado nas cozinhas e no dormitório, a mente na biblioteca e o espírito na capela.

mesmo. E, no entanto, o ego também tem uma tendência comovente para confiar constantemente que os seus desejos estão prestes a serem cumpridos. Imagens de tranquilidade e segurança atormentam-no: um determinado emprego, conquista social ou aquisição material parece alimentar sempre a promessa de um fim do desejo. Porém, na realidade, cada preocupação será rapidamente substituída por outra, e um desejo pelo seguinte, originando um ciclo inexorável do que os budistas chamam «apego», ou *upādāna* em sânscrito.

Não obstante, como Tony explica agora, esta imagem sombria de uma parte de nós não tem de definir tudo o que somos, porque também somos dotados de uma habilidade rara, que pode ser reforçada com exercícios espirituais, para rejeitar ocasionalmente as exigências do nosso ego e entrar num estado a que os budistas chamam *anātman*, ou não-eu, durante o qual podemos afastar-nos das nossas paixões e pensar como poderia ser a nossa vida se não estivéssemos sobrecarregados com a necessidade adicional e dolorosa de sermos nós mesmos.

Um sinal do preconceito ocidental relativamente ao intelecto é que ficamos surpreendidos quando nos dizem que devíamos começar a rejeitar os nossos egos, não primariamente através do argumento lógico, mas aprendendo a sentar-nos no chão de uma maneira nova.

Como Tony especifica, a nossa capacidade de reorientarmos as nossas prioridades dependerá fundamentalmente de nos levantarmos, abanarmos os membros durante um minuto e em seguida colocarmos o corpo na postura de meditação *Vairochana* de sete pontos. Para um grupo de noviços, esta é, inevitavelmente, uma luta, pois muitos dos nossos corpos já não são muito novos e todos nós parecemos atormentados pela autoconsciência

que resulta naturalmente de nos contorcermos, de meias, diante de desconhecidos. Seguem-se algumas risadas e até um ou outro peido enquanto tentamos imitar a posição de Tony, que terá sido a que o Buda e os seus discípulos adotaram há cerca de 20 séculos enquanto meditavam sob uma árvore sagrada *Bodhi* no estado indiano oriental de Bihar. As instruções são precisas: as nossas pernas têm de ser cruzadas, a mão esquerda deve repousar no colo sobre a direita, a coluna vertebral deve estar direita, os ombros ligeiramente esticados, a cabeça inclinada para a frente, o olhar dirigido para baixo, a boca ligeiramente aberta, a ponta da língua a tocar no céu da boca, a respiração regular e lenta.

O grupo organiza-se gradualmente e a sala fica em silêncio, ouvindo-se apenas o pio de uma coruja num campo distante. Tony orienta-nos para nos concentrarmos no facto banal, mas raramente comentado, de que estamos todos a respirar. Nos nossos primeiros passos para o domínio da meditação *ānāpānasati* («atenção à respiração»), reconhecemos o desafio extraordinário de estarmos calmamente sentados numa sala a fazer nada a não ser existir – por outras palavras, apreendemos a força draconiana que as prioridades e os projetos dos nossos egos exercem em nós. Percebemos a nossa tendência para a distração. Enquanto nos esforçamos por prestar atenção apenas à nossa respiração, sentimos as nossas mentes conscientes a disparar para um lado e para o outro nos seus itinerários habitualmente frenéticos. Percebemos como é absurdamente difícil respirarmos três vezes sem sermos acometidos por uma ideia carregada de ansiedade e extrapolamos a partir disso como deve ser invulgar para nós vivermos qualquer experiência sem ficarmos enredados nas gavinhas do nosso *ātman*.

O objetivo da nossa nova posição sentada é o de impor uma pequena distância entre a nossa consciência e o nosso ego. À medida

Para responder ao nosso desejo de calma, a sociedade de consumo ocidental refinou ao longo dos últimos 50 anos o conceito de banhos de sol; o budismo levou mais de mil anos a aperfeiçoar a arte da meditação.

que nos sentimos respirar, reparamos que os nossos seres físicos têm ritmos que se desenrolam independentemente dos desejos ditados pelo ego. A diversidade do corpo é um aspeto de um vasto reino de *anātman* que o ego não controla nem compreende e que o budismo procura agora apresentar-nos.

Porque é seu hábito tentar explorar e usar como instrumento tudo o que encontra, o ego não está consciente do corpo exceto na medida em que ele é útil aos seus projetos de gratificação sensorial. Ressente-se e surpreende-se latentemente com a sua fragilidade. Não quer pensar na forma estranha do fígado nem nas funções misteriosas do pâncreas. Ordena ao corpo que se mantenha fiel às suas tarefas, curvado sobre a secretária com os músculos das costas tensos num estado de obediência e expectativa ansiosa. No entanto, agora, de repente, está a ser pedido ao ego que ceda o controlo a nada mais distinto e produtivo que o ato de respirar, aquele processo de inalação e exalação em segundo plano que tem sido vastamente ignorado e desvalorizado desde o nosso nascimento. Apanhado de surpresa, ele sente alguma da confusão que um rei poderia sentir ao ser forçado, em circunstâncias inesperadas, a passar a noite na cama dura de uma estalagem modesta.

Com toda a nossa atenção centrada na respiração e não nas exigências do ego, este começa a desistir de algumas das suas exigências à consciência e deixa entrar dados que normalmente elimina. Tomamos consciência de coisas, tanto internas como externas, que não estão relacionadas com as nossas preocupações habituais. A nossa consciência muda da concentração na respiração para uma consciência, primeiro dos nossos membros e depois do esqueleto que nos apoia e do sangue que corre continuamente dentro de nós. Despertamos para a sensibilidade das

nossas faces, para as pequenas correntes de ar na sala, para as texturas das nossas roupas contra a pele.

Mais tarde, ainda de manhã, saímos para outro exercício espiritual chamado meditação em caminhada, criada pelo monge *zen* vietnamita Tich Nhat Hanh. Recebemos instruções para esvaziarmos as nossas mentes e contemplarmos a paisagem sem exigir mais nada dela senão observá-la, temporariamente libertados daqueles nossos hábitos dominados pelo ego que despem a natureza da sua beleza e nos dão uma noção enganadora e perturbadora da nossa importância no cosmos. Sob orientação, avançamos em passo de camelo, sem a consciência perturbada por nenhuma das ambições ou censuras habituais do nosso ego – num estado tão apreciado pelo budismo como injuriado pelo capitalismo, e conhecido em sânscrito como *apranihita*, ou futilidade – e ficamos, desse modo, novamente em sintonia com mil pormenores do que nos rodeia. Um raio de sol penetra entre as árvores, e nele dançam minúsculas partículas de pó. Ouve-se o som de água a correr, vinda de um regato nas redondezas. Uma aranha faz uma teia num ramo acima de nós. A poesia budista é dominada por registos de encontros semelhantes com facetas tão minúsculas do mundo, que só chegam aos nossos sentidos depois de os nossos egos terem libertado as nossas faculdades.

 Ao percorrer o carreiro da montanha,
  descubro uma coisa maravilhosa
   sobre violetas

diz um poema do poeta *zen* Bashō. Enquanto caminhamos pelo matagal, tornamo-nos inspetores desinteressados da nossa própria existência e, por isso, observadores ligeiramente mais pacientes e compassivos do planeta, do seu povo e das suas pequenas flores roxas.

3.

As especificidades dos exercícios ensinados nos retiros budistas e outros não serão talvez tão importantes como a questão geral que colocam sobre a nossa necessidade de impor maior disciplina às nossas vidas interiores.

Se a parte predominante da nossa angústia é causada pelo estado das nossas psiques, parece perverso que a indústria de lazer moderna procure sempre reconfortar os nossos corpos sem tentar ao mesmo tempo consolar e domar o que os budistas denominam tão prescientemente como as nossas «mentes de macaco». Precisamos de centros eficazes para a restauração dos nossos seres inteiros; de novos tipos de retiros dedicados à educação do nosso eu corpóreo e do nosso eu psicológico, através de uma série de exercícios espirituais secularizados.

iv. Ensinar Sabedoria

1.

Em última análise, o objetivo de toda a educação é poupar-nos tempo e fazer com que evitemos erros. É um mecanismo através do qual a sociedade – secular ou religiosa – tenta inculcar com segurança nos seus membros, durante um determinado número de anos, o que os seus antepassados mais inteligentes e determinados demoraram séculos de esforços dolorosos e esporádicos a descobrir.

A sociedade secular mostrou-se bastante preparada para aceitar a lógica desta missão em relação ao conhecimento científico e técnico. Não vê nada a lamentar no facto de um estudante universitário inscrito hoje num curso de Física aprender em poucos meses tanto quanto Faraday jamais soube, e daqui a dois anos poder estar a pressionar os limites da teoria do campo unificado de Einstein.

No entanto, este mesmo princípio, que aparentemente é tão óbvio e inofensivo na ciência, tende a encontrar uma oposição extraordinária quando aplicado à sabedoria, a conhecimentos relacionados com a administração autoconsciente e moral da alma. Aqui, notavelmente, os defensores da educação, que ridicularizariam a noção de que, numa turma de alunos recém-inscritos na disciplina de Física, todos deveriam resolver a teoria da radiação eletromagnética sozinhos, afirmarão veementemente que a sabedoria é algo que uma pessoa nunca poderá ensinar a outra.

Este preconceito subordinou de tal maneira o ensino da cultura, que quase destruiu as ambições de Mill e Arnold, bem como as esperanças altiloquentes de Rilke, que, na última linha do seu poema «Torso Arcaico de Apolo», conjeturou que o maior desejo de todos os artistas é exortar os seus públicos: «*Du musst dein Leben ändern.*» («Tens de mudar a tua vida.»)

Deve dizer-se, em abono das religiões, que elas nunca alinharam com aqueles que afirmam que é impossível ensinar-se sabedoria. Elas atreveram-se a abordar diretamente as grandes questões da vida individual – Para que devo trabalhar? Como é que amo? Como posso ser uma pessoa boa? – de formas que deveriam intrigar os ateus, mesmo que concordem pouco com as respostas apresentadas.

Como este capítulo sugeriu, a cultura está mais que adequadamente equipada para enfrentar os nossos dilemas sem ter de se basear no dogma religioso. Os erros que causam danos nas nossas vidas pessoais e políticas têm providenciado assunto para obras culturais desde a antiguidade. Não existe falta de informação no cânone sobre loucura, ganância, luxúria, inveja, orgulho, sentimentalismo ou snobismo; todas as pistas de que necessitamos podem ser encontradas em obras como as de Freud, Marx, Musil, Andrei Tarkovsky, Kenzaburo Oe, Fernando Pessoa, Poussin ou Saul Bellow. O problema é que este tesouro raramente foi organizado e apresentado com eficácia, em virtude de preconceitos infundados contra a utilização da cultura ao serviço dos nossos sofrimentos.

Nenhuma instituição secular pertencente à corrente dominante tem um interesse declarado em ensinar-nos a arte de viver. Para usar uma analogia da história da ciência, o campo ético está na fase de amadores a fazerem experiências com químicos em arrecadações de jardim, e não de profissionais a efetuarem experiências bem estruturadas em laboratórios de investigação. Os académicos universitários, os candidatos óbvios para qualquer tarefa pedagógica centrada na alma, distanciaram-se das exigências de relevância escudando-se atrás de uma postura de importância *a priori*. Esquivaram-se à responsabilidade de seduzir as suas audiências, assustaram-se fatalmente com a simplicidade, fingiram não reparar em como somos frágeis e fecharam os olhos à facilidade com que esquecemos tudo, por muito importante que possa ser.

A religião está repleta de ideias para corretivos. O seu exemplo propõe um novo currículo: um esquema para organizar o conhecimento de acordo com os reptos com que se relaciona e não com a área académica onde acaba por ser enquadrado; uma estratégia para ler com um objetivo (tornar-se melhor e mais são de espírito); um investimento em oratória e um conjunto de métodos para memorizar e transmitir as ideias com mais eficácia.

Para a eventualidade de algumas destas práticas educativas soarem demasiado *cristãs* a certos ouvidos, deveríamos lembrar-nos de que elas são frequentemente muito anteriores ao nascimento de Jesus. Os gregos e os romanos há muito que se interessavam na calibração do conhecimento com as necessidades interiores: foram eles os primeiros a fundarem escolas para disseminar a sabedoria, a compararem livros a medicamentos e a perceberem o valor da retórica e da repetição. Não deveríamos deixar o ateísmo intrometer-se na forma como apreciamos as tradições que fazem parte de uma herança partilhada não confessional que foi historicamente erradicada por secularistas, devido a uma má interpretação das verdadeiras identidades de quem as tinha criado.

Ao contrário das universidades modernas, as religiões não limitam o seu ensino a um período de tempo predeterminado (alguns anos da juventude), a um determinado espaço (um *campus*) ou a um único formato (a aula). Reconhecendo que somos criaturas tão sensoriais como cognitivas, elas compreendem que necessitam de empregar todos os recursos possíveis para influenciar as nossas mentes. Muitos dos seus métodos, apesar de afastados das noções contemporâneas de educação, deveriam não obstante ser considerados essenciais para qualquer plano de tornar as ideias, quer teológicas quer seculares, mais eficazes nas nossas mentes permeáveis. Estas técnicas merecem ser estudadas e adotadas, para que possamos ter uma hipótese de cometer no mínimo menos um ou dois erros que a geração anterior no tempo que nos resta.

V

Ternura

1.
Uma capela do século XV numa rua secundária de uma cidade anónima no Norte da Europa. Estamos no princípio da tarde de um sombrio dia de inverno e um homem de meia-idade sacode o chapéu de chuva e entra. O espaço está quente e escuro, iluminado apenas por várias filas de velas que lançam uma dança de sombras nas paredes de pedra calcária. Há bancos confortáveis e gastos e, no chão, coxins de oração, todos eles com as palavras *Mater Dolorosa* bordadas. Uma mulher idosa está ajoelhada no canto mais afastado, a balbuciar para si mesma com os olhos fechados.

O homem está exausto. Doem-lhe as articulações. Sente-se fraco, vulnerável e à beira das lágrimas. Não foi um único acontecimento que o trouxe a este ponto, mas uma série de pequenas humilhações que contribuíram cumulativamente para uma sensação avassaladora de mediocridade, superfluidade e ódio por si mesmo. A sua carreira, em tempos tão promissora, está em decadência há muito tempo. Ele sabe que deve parecer muito pouco interessante às outras pessoas, que elas devem estar ansiosas por se afastarem dele nas reuniões sociais, e não esquece as muitas propostas e cartas que enviou e não receberam resposta. Já não tem confiança para continuar. Está chocado com as marcas de impaciência e vaidade no seu caráter que o levaram a este impasse profissional. Tem remorsos, pressentimentos e sente-se só. Todavia, sabe que nunca poderia levar essas preocupações para casa. Os filhos precisam de acreditar na sua força. A sua mulher atormentada já tem problemas de sobra – e ele aprendeu através da experiência como as coisas correm mal quando chega a casa com esta disposição.

Quer adormecer e ser abraçado. Quer chorar. Quer ser perdoado e tranquilizado. Ouve-se música através dos altifalantes escondidos na capela, a ária «Erbarme dich, mein Gott» da *Paixão segundo São Mateus*, de Bach. Procura ideias a que possa agarrar-se, mas nada parece sólido. É incapaz de pensar logicamente e até esse esforço se tornou mais do que ele pode suportar.

Depois de se ajoelhar, levanta os olhos para o quadro que está pendurado sobre o altar. Este mostra uma jovem terna e compreensiva com um halo à volta da cabeça. Ela olha-o com um carinho infinito – e, sem que ele precise de dizer uma única palavra, parece compreender tudo.

Ele recorda as orações aprendidas há muito tempo, quando era criança e ainda se pensava que tinha um enorme potencial, quando sabia fazer com que as outras pessoas se orgulhassem dele, quando os seus pais se preocupavam com o que ele comia e lhe limpavam os dedos pegajosos depois de uma refeição e quando o mundo e todas as suas oportunidades se estendiam à sua frente: «Santa Maria, Mãe de Deus, rogai por nós pecadores, agora e na hora da nossa morte, Ámen.» Ele fecha os olhos e sente a pressão das lágrimas nas pálpebras. «Venho a ti; diante de ti me apresento, pecador e arrependido. Ó Mãe da Palavra Encarnada, não ignores as minhas preces e na tua misericórdia ouve-me e responde-me...»

2.
Embora tenhamos assistido a isto na Europa, poderia acontecer em quase todo o mundo. Momentos comparáveis de desespero são testemunhados todos os dias na Capela de Nossa Senhora da Boa Saúde em Kuala Lumpur e no Santuário de Nossa Senhora das Dores em Rhineland, no Missouri, na Gruta de Unyang Dedicada a Nossa Senhora na Coreia do Sul e em Nuestra Señora del Espejo na Venezuela. Nestes santuários, os

desesperados levantam os olhos para a Virgem, acendem velas, rezam e falam sobre as suas mágoas individuais com uma mulher que é não apenas a *Redemptoris Mater*, a mãe do redentor, mas também a *Mater Ecclesia*, a mãe de toda a Igreja e assim, simbolicamente, de todos os seus membros.

De uma perspetiva fortemente racional, a devoção mariana parece exemplificar a religião na sua faceta mais infantil e insensata. Como poderia qualquer adulto razoável confiar na existência de uma mulher que viveu há milhares de anos (se é que alguma vez viveu), e obter consolo a partir de uma crença projetada no coração sem mácula dela, na sua compreensão altruísta e na sua paciência ilimitada?

A direção da pergunta é difícil de refutar; é simplesmente a pergunta errada para se fazer. A questão apropriada não é se a Virgem existe, mas o que nos diz sobre a natureza humana o facto de tantos cristãos terem sentido durante mais de dois milénios a necessidade de a inventar. Deveríamos concentrar-nos no que a Virgem Maria revela sobre as nossas necessidades emocionais – e, em especial, no que acontece a essas exigências quando perdemos a fé.

No sentido mais lato, o culto de Maria mostra até que ponto, apesar da nossa capacidade de raciocínio de adultos, das nossas responsabilidades e da nossa posição social, as necessidades da infância permanecem connosco. Apesar de podermos acreditar durante longos períodos da nossa vida na nossa maturidade, nunca conseguimos separar-nos do tipo de acontecimentos catastróficos que acabam com a nossa capacidade de raciocínio, com a nossa coragem e com o nosso engenho para colocar os dramas em perspetiva e nos lançam num estado de desamparo primordial.

«Eu compreendo»: Giovanni Battista Salvi, *Nossa Senhora das Dores*, c. 1650.

Orações a Maria, Vilnius, Lituânia.

Nesses momentos, podemos desejar ser abraçados e tranquilizados, como fomos há algumas décadas por um adulto compreensivo, muito provavelmente a nossa mãe, uma pessoa que nos fez sentir fisicamente protegidos, nos acariciou os cabelos, nos olhou com benevolência e ternura e talvez não tenha dito muito mais que «claro», num tom de voz muito calmo.

Muito embora esse desejo raramente seja mencionado na sociedade adulta, as religiões conseguiram a façanha de saber como reanimá-lo e legitimá-lo. Maria no cristianismo, Ísis no Egito antigo, Deméter na Grécia, Vénus em Roma e Guan Yin na China funcionaram como veículos de recordações de ternura na infância. As suas estátuas estão muitas vezes em espaços escuros, que lembram úteros, os seus rostos são compassivos e compreensivos, permitem-nos sentar, conversar e chorar com elas. As semelhanças entre elas são demasiado grandes para serem coincidência. Estamos perante figuras que evoluíram não das nossas origens culturais partilhadas mas em resposta às necessidades universais da psique humana.

Os budistas chineses visitam Guan Yin pelas mesmas razões que os católicos apelam a Maria. Também ela tem olhos bondosos e pode sugerir alternativas ao desprezo que as pessoas sentem por si mesmas. Em templos e praças em toda a China, adultos permitem-se ser fracos na sua presença. O seu olhar costuma fazer as pessoas chorar – pois o momento em que elas se vão abaixo não é no momento da dificuldade, mas quando, por fim, encontram bondade e uma oportunidade para reconhecer mágoas que estão guardadas em silêncio há demasiado tempo. Como Maria, Guan Yin sabe das dificuldades inerentes à tentativa de conduzir uma vida adulta remotamente adequada.

Guan Yin, ilha de Hainan, China.

3.
Em contraste com a religião, o ateísmo parece friamente impaciente com a nossa indigência. O desejo de consolo que está na base do culto mariano é perigosamente regressivo e em desacordo com o compromisso racional da existência de que os ateus se orgulham. Maria e o seu grupo foram contextualizados como sintomas de necessidades de que os adultos se deveriam libertar rapidamente.

No seu ponto mais mordaz e intelectualmente pugnaz, o ateísmo atacou a religião por fechar os olhos aos seus próprios motivos, por ser incapaz de reconhecer que, no fundo, nada mais é que uma resposta glorificada aos desejos de infância que foram disfarçados, remodelados em novas formas e projetados para os céus.

Esta acusação pode muito bem estar correta. O problema é que aqueles que arrasam a religião estão, eles próprios, envolvidos numa negação, uma negação das necessidades da infância. No seu zelo para atacar os crentes, cujas fragilidades os levaram a abraçar o sobrenatural, os ateus podem negligenciar a fragilidade, que é uma característica inevitável das vidas de todos nós. Podem rotular como infantis necessidades específicas que deveriam ser honradas como genericamente humanas, pois na verdade não há maturidade sem uma negociação adequada com o infantil e não há adulto que não deseje regularmente ser consolado como criança.

O cristianismo descreve a capacidade de aceitar a dependência como uma marca de saúde moral e espiritual. Apenas os orgulhosos e presunçosos tentariam negar as suas fraquezas, enquanto os devotos podem declarar sem embaraço, como um sinal da sua fé, que passaram tempo a chorar aos pés da estátua

Podemos ser tocados e tranquilizados porque somos nós e não somos nós: Giovanni Bellini, *Nossa Senhora com o Menino*, 1480.

de uma mãe gigante esculpida em madeira. O culto de Maria faz da vulnerabilidade uma virtude e corrige assim a nossa tendência habitual para acreditarmos numa divisão conclusiva entre o eu adulto e o eu da infância. Ao mesmo tempo, o cristianismo é apropriadamente delicado no preenchimento das nossas necessidades. Permite-nos compartilhar o consolo maternal sem nos obrigar a encarar o nosso desejo persistente e inegável de uma mãe. Não menciona a *nossa* mãe; oferece-nos simplesmente os prazeres imaginativos de sermos de novo pequenos, tratados como crianças e amados por uma figura que é a *mater* do mundo.

4.

Se a abordagem do cristianismo tem um problema, é que tem sido *demasiado* bem-sucedida. A necessidade de consolo passou a ser excessivamente identificada com uma necessidade da própria Maria, em vez de ser vista pelo que é na realidade: um apetite incessante que começou muito antes dos Evangelhos, originado no preciso momento em que a primeira criança foi pegada ao colo pela sua mãe e tranquilizada na escuridão e no frio da primeira caverna subterrânea.

O facto de não haver nenhuma mãe carinhosa ou pai compreensivo que possam fazer com que tudo corra bem para nós não é motivo para negarmos a intensidade com que desejaríamos que houvesse. A religião ensina-nos a sermos bondosos connosco nos momentos de crise, quando, desesperados e com medo, pedimos confusamente ajuda a *alguém* – mesmo que não acreditemos ostensivamente em alguma coisa, mesmo que a nossa mãe tenha falecido há muito tempo, que o nosso pai tenha sido distante e cruel e ocupemos agora um lugar responsável e adulto no mundo.

O exemplo do catolicismo sugere que a arte e a arquitetura têm um papel a desempenhar nessas alturas, pois é ao olhar para imagens de rostos paternais voltados amorosamente para os filhos, normalmente nos recantos silenciosos e escuros de capelas, museus e lugares associados de veneração, que sentimos uma necessidade primordial em nós a ser suprida e um certo equilíbrio restaurado.

Seria útil se os nossos artistas seculares criassem ocasionalmente obras que tivessem como tema central o amor paterno e se os arquitetos criassem espaços, em museus ou, mais ambiciosamente, nos novos Templos de Ternura, onde pudéssemos contemplar essas novas obras num ambiente de penumbra.

O culto mariano atreve-se a propor a todos os ateus, mesmo aos mais pragmáticos, que também eles são vulneráveis e pré-racionais nos seus corações e poderiam aprender a ajudar-se a si mesmo a sair de algumas disposições mais pessimistas se se adaptassem aos seus lados permanentemente naturais e imaturos.

Ao rejeitarmos a superstição, devíamos fazer por não nos sentirmos tentados a ignorar os desejos menos respeitáveis que as religiões identificaram tão bem e resolveram de forma tão digna.

Ternura 175

A vida adulta não é possível sem momentos em que, quando a razão é ineficaz, a única coisa que podemos fazer é *regredir*. Templo de Ternura secular, retro-iluminado pelo quadro *O Banho da Criança* pintado em 1893 por Mary Cassatt.

VI

Pessimismo

1.

O cristianismo passou uma grande parte da sua história a realçar o lado mais negro da existência terrena. No entanto, mesmo dentro desta tradição sombria, o filósofo francês Blaise Pascal destaca-se pela natureza excecionalmente implacável do seu pessimismo. No seu *Pensées*, escrito entre 1658 e 1662, Pascal não perde nenhuma oportunidade para confrontar os seus leitores com provas da natureza resolutamente pervertida, desprezível e indigna da humanidade. Num sedutor francês clássico, Pascal informa-nos de que a felicidade é uma ilusão («Qualquer pessoa que não vê a vaidade do mundo é, ela própria, muito vaidosa»), que a infelicidade é a norma («Se a nossa condição fosse verdadeiramente feliz, não precisaríamos de nos distrairmos para pararmos de pensar nela»), que o verdadeiro amor é uma quimera («Como o coração do homem é vazio e sórdido»), que somos tão suscetíveis como vaidosos («Uma insignificância consola-nos porque uma insignificância nos perturba»), que até os mais fortes de nós ficam indefesos perante as incontáveis doenças a que somos vulneráveis («As moscas são tão poderosas, que podem paralisar as nossas mentes e comer os nossos corpos»), que todas as instituições terrenas são corruptas («Nada é mais seguro do que o facto de que as pessoas serão fracas») e que temos uma propensão absurda para exagerar a nossa importância («Quantos reinos não sabem nada sobre nós!»). Pascal sugere que o melhor que podemos esperar fazer nestas circunstâncias é enfrentar diretamente os factos desesperados da nossa situação: «A grandeza do homem vem de saber que é vil.»

Dado o tom, é algo surpreendente descobrir que ler Pascal não é de forma alguma a experiência deprimente que poderia esperar-se. A obra é consoladora, gratificante e, por vezes, até hilariante. Paradoxalmente, para quem está à beira do desespero poderá não haver livro melhor para folhear que um que procura desfazer as últimas esperanças do homem até as transformar em pó. Muito mais que qualquer volume lamechas a elogiar a beleza interior, o pensamento positivo ou a descoberta de potencialidades escondidas, *Pensées* tem o poder de afastar o suicida do rebordo de um parapeito alto.

Se o pessimismo de Pascal pode efetivamente consolar-nos, talvez seja porque normalmente ficamos deprimidos, não tanto com a negatividade, mas com a esperança. É a esperança – relativamente às nossas carreiras, às nossas vidas amorosas, aos nossos filhos, aos nossos políticos e ao nosso planeta – a principal culpada por ficarmos zangados e amargos. A incompatibilidade entre a grandiosidade das nossas aspirações e a cruel realidade da nossa condição dá origem aos fortes desapontamentos que atormentam os nossos dias e ficam gravados em rugas de acrimónia nos nossos rostos.

Daí o alívio, que pode explodir em ataques de riso, quando encontramos por fim um autor suficientemente generoso para confirmar que as nossas piores revelações, longe de serem únicas e vergonhosas, fazem parte da realidade comum e inevitável da humanidade. O nosso pavor de podermos ser os únicos a sentir-nos ansiosos, entediados, ciumentos, cruéis, perversos e narcisistas torna-se gloriosamente infundado, abrindo oportunidades inesperadas de comunhão em volta das nossas sombrias realidades comuns.

Deveríamos honrar Pascal, e a longa linha de pessimistas cristãos a que ele pertence, por nos fazer o favor incalculavelmente grande de enumerar de forma pública e elegante os factos do nosso estado pecador e deplorável.

2.

O mundo moderno não tem muita simpatia por esta atitude, pois uma das características dominantes deste mundo, e certamente a sua maior falha, é o otimismo. Apesar de momentos ocasionais de pânico, muito frequentemente relacionados com crises de mercado, guerras ou pandemias, a era secular mantém uma devoção quase irracional a uma narrativa de melhoria, baseada numa fé messiânica nos três grandes acionadores de mudança: a ciência, a tecnologia e o comércio. Os melhoramentos materiais desde meados do século XVIII foram tão notáveis, e aumentaram tão exponencialmente o nosso conforto, segurança, riqueza e poder, que desferiram um golpe quase fatal na nossa capacidade de nos mantermos pessimistas – e, por conseguinte, um golpe crucial na nossa capacidade de nos mantermos sãos de espírito e satisfeitos. É impossível mantermo-nos fiéis a uma avaliação equilibrada do que a vida poderá dar-nos quando testemunhámos a decifração do código genético, a invenção do telemóvel, a abertura de supermercados de estilo ocidental em zonas recônditas da China e o lançamento do telescópio Hubble.

No entanto, apesar de ser inegável que as trajetórias científicas e económicas da humanidade foram firmemente apontadas numa direção ascendente durante vários séculos, *nós* não abrangemos a humanidade: nenhum de nós enquanto indivíduo pode viver exclusivamente entre os desenvolvimentos pioneiros na genética ou nas telecomunicações que emprestam à nossa era os seus preconceitos característicos e otimistas. Podemos retirar algum benefício da disponibilidade de banhos quentes e *chips* de computadores, mas as nossas vidas não estão menos sujeitas a acidente, ambição frustrada, desgosto, ciúme, ansiedade ou morte que as dos nossos antepassados medievais. Mas pelo menos os nossos antepassados tiveram a vantagem de viverem numa época religiosa que nunca cometeu o erro de prometer à sua população que a felicidade iria fazer desta terra a sua morada permanente.

3.
O cristianismo não é, em si e por si, uma instituição sem esperança. Tem simplesmente o bom senso de centrar firmemente as suas expectativas na próxima vida, na perfeição moral e material de um mundo muito para além deste.

Esta relegação da esperança para uma esfera distante permitiu à Igreja ser particularmente perspicaz e clarividente no que respeita à realidade terrena. Ela não presume que a política poderá alguma vez criar uma justiça perfeita, que qualquer casamento poderá estar livre de conflito ou divergência, que o dinheiro poderá trazer segurança, que um amigo poderá ser inabalavelmente leal ou, mais genericamente, que uma Jerusalém Celestial poderá ser construída em terreno comum. Desde a sua fundação, a religião tem mantido utilmente uma visão sóbria, algo que o mundo secular tem sido demasiado sentimental e cobarde para aceitar, sobre as nossas possibilidades de superarmos os factos brutais das nossas naturezas corrompidas.

Neste momento da história, os seculares são muito mais otimistas que os religiosos – algo irónico, dada a frequência com que estes últimos têm sido ridicularizados pelos primeiros pela sua aparente ingenuidade e credulidade. Têm sido os seculares, com o seu desejo tão intenso de perfeição, a imaginar que o paraíso pode ser uma realidade nesta terra, depois de mais alguns anos de crescimento financeiro e pesquisa médica. Sem consciência aparente da contradição, podem, ao mesmo tempo,

Seria sensato abandonar de uma vez por todas as ideias de perfeição para um mundo completamente diferente: Jan Brueghel «o Jovem», *Paraíso*, c. 1620.

ignorar asperamente a crença em anjos e confiar sinceramente que os poderes combinados do FMI, das instituições de pesquisa médica, de Sillicon Valley e da política democrática podem curar os males da humanidade.

4.
São os mais ambiciosos e esforçados de nós que precisam mais desesperadamente que as nossas esperanças imprudentes sejam alimentadas pelo salto no escuro que as religiões deram. Esta é uma prioridade específica dos americanos seculares, talvez as pessoas mais ansiosas e desapontadas da Terra, pois a sua nação infunde neles as esperanças mais extremas relativamente ao que podem conseguir nas suas vidas profissionais e nas suas relações. Devíamos deixar de ver o pessimismo das religiões como pertencendo apenas a si mesmas, ou como indelevelmente dependente da esperança da salvação. Devíamos tentar adotar a perspetiva perspicaz daqueles que acreditam no paraíso, mesmo que vivamos as nossas vidas segundo o preceito ateu fundamental de que este é o único mundo que jamais conheceremos.

5.
Os benefícios de uma filosofia de pessimismo neorreligioso são mais óbvios em relação ao casamento, um dos acordos mais transtornados da sociedade moderna, que se tornou desnecessariamente infernal devido à surpreendente suposição secular de que deveria ser usado acima de tudo para se alcançar a felicidade.

Os casamentos cristãos e judeus, embora nem sempre joviais, são pelo menos poupados à segunda ordem de sofrimento causada pela impressão errada de que é de alguma forma errado ou injusto estar descontente. O cristianismo e o judaísmo apresentam o casamento, não como uma união inspirada e orientada por um entusiasmo subjetivo, mas antes, e mais modestamente, como um mecanismo através do qual os indivíduos podem assumir uma posição adulta na sociedade e, desse modo, com a ajuda de um amigo íntimo, assumir a responsabilidade de criar e educar a geração seguinte sob orientação divina. Estas expectativas limitadas tendem a antecipar a suspeita, tão conhecida dos parceiros seculares, de que talvez existissem alternativas mais intensas, angélicas ou menos problemáticas noutro lado. Dentro do ideal religioso, a fricção, as discussões e o tédio são sinais, não de erro, mas da vida a decorrer de acordo com o plano.

Apesar da sua abordagem prática, estas religiões reconhecem o nosso desejo de adorar apaixonadamente. Conhecem a nossa necessidade de acreditar nos outros, de os adorar e servir e de encontrar neles uma perfeição que nos escapa em nós mesmos. Insistem simplesmente que esses objetos de adoração devem ser sempre divinos e não humanos. Por conseguinte, oferecem-nos divindades eternamente jovens, atraentes e virtuosas para nos conduzirem ao longo da vida, ao mesmo tempo que nos recordam diariamente que os seres humanos são, comparativamente, criaturas banais e imperfeitas, dignas de perdão e paciência, um pormenor que pode escapar-nos no calor da altercação conjugal. «Porque é que não podes ser mais perfeito/a?» é a pergunta irritada que está subjacente a uma maioria de argumentos seculares. Na sua tentativa de nos impedirem de atirarmos à cara uns aos outros os nossos sonhos desfeitos, as fés têm o bom senso de nos darem anjos para adorarmos e amantes para tolerarmos.

As fés têm o bom senso de nos darem anjos para adorarmos e amantes para tolerarmos.

6.
Uma visão pessimista do mundo não tem de ter como consequência uma vida desprovida de alegria. Os pessimistas podem ter uma capacidade muito maior de apreciar a vida que os seus opostos, pois nunca esperam que ela corra bem e podem, por isso, ficar assombrados com os modestos sucessos que quebram ocasionalmente os seus horizontes sombrios. Por outro lado, os otimistas seculares modernos, com o seu sentido de prerrogativa bem desenvolvido, não conseguem regra geral saborear quaisquer epifanias da vida quotidiana enquanto se atarefam na construção do paraíso terreno.

Aceitar que a existência é inerentemente frustrante, que estamos eternamente sufocados por realidades atrozes, pode incentivar-nos a dizer «obrigado» com maior frequência. É sintomático que o mundo secular não seja bem versado na arte da gratidão: já não damos graças pelas colheitas, pelas refeições, pelas abelhas ou pelo tempo clemente. A um nível superficial, poderíamos supor que isso se deve a não haver ninguém *a quem* dizer «obrigado». Mas, no fundo, parece mais uma questão de ambição e expectativa. Orgulhamo-nos agora de ter trabalhado muito para dar como certas muitas das bênçãos pelas quais os nossos antepassados devotos e pessimistas davam graças. Há verdadeiramente alguma necessidade de criar um momento de gratidão em honra de um pôr do sol ou de um alperce? Não deveríamos apontar para objetivos mais nobres?

Procurando incutir em nós uma atitude contrária de humildade, o Livro de Orações da Congregação Unida do credo judeu recomenda que seja proferida uma oração específica quando «se come uma fruta sazonal pela primeira vez no ano» e outra para marcar a aquisição de «uma roupa nova de grande valor». Até inclui uma oração destinada a expressar admiração pela complexidade do sistema digestivo humano:

«Abençoado sejais Vós, Senhor nosso Deus, Rei do Universo, que formastes o homem na sabedoria e criastes nele muitos orifícios e cavidades.

É revelado e conhecido diante do trono da Vossa glória que se um deles se rompesse ou
ficasse bloqueado seria impossível sobreviver e ficar diante de Vós.

Abençoado sejais Vós, Senhor, Curandeiro de toda a carne, que fazeis coisas maravilhosas.»

7.
As religiões insistiram sensatamente que somos criaturas inerentemente imperfeitas: incapazes de uma felicidade duradoura, assaltados por desejos sexuais perturbadores, obcecados pela posição social, vulneráveis a acidentes surpreendentes e sempre, lentamente, a morrer.

Claro que, em muitos casos, as religiões também acreditaram na possibilidade de uma divindade poder ajudar-nos. Vemos esta combinação de desespero e esperança com uma clareza especial no Muro Ocidental de Jerusalém, ou Muro das Lamentações, onde os judeus se reúnem desde a segunda metade do século XVI para partilharem as suas mágoas e suplicarem ajuda ao seu criador. Na base do muro, escrevem sobre as suas tristezas em pequenos pedaços de papel, inserem-nos nas frinchas entre as pedras e esperam que Deus se comova e tenha piedade da sua dor.

Se removermos Deus desta equação, que é que nos resta? Humanos aos berros a apelar em vão a um céu vazio. É trágico e, no entanto, se queremos retirar um pouco de consolo da tristeza, pelo

Muro das Lamentações, Jerusalém.

menos os desalentados choram *juntos*. Demasiadas vezes, deitados na cama a meio da noite, entramos em pânico com mágoas que nos parecem diabolicamente únicas para nós. Essas ilusões não são possíveis no Muro das Lamentações. É evidente que toda a raça está perdida. O muro demarca um local onde a angústia que trazemos em silêncio dentro de nós pode ser revelada pelo que é verdadeiramente: uma simples gota de mágoa num oceano de sofrimento. Serve para nos tranquilizar quanto à ubiquidade do desastre e corrige definitivamente as suposições sorridentes feitas, involuntariamente, pela cultura contemporânea.

Entre os anúncios de calças de ganga e de computadores colocados bem alto nas ruas das nossas cidades, deveríamos colocar versões eletrónicas de Muros das Lamentações que transmitiriam anonimamente as nossas angústias interiores e nos dariam desse modo uma noção mais clara do que é estar vivo. Esses muros seriam particularmente consoladores se pudessem dar-nos um vislumbre do que em Jerusalém está reservado apenas para os olhos de Deus: os infortúnios particulares dos outros, os pormenores dos corações partidos, das ambições desfeitas, dos fiascos sexuais, dos impasses ciumentos e das falências ruinosas que ficam normalmente escondidos atrás dos nossos rostos impassivos. Esses muros dar-nos-iam provas tranquilizadoras de que os outros também se preocupam com as suas coisas absurdas, contando os poucos verões que lhes restam, chorando por alguém que os deixou há uma década e dinamitando as suas hipóteses de sucesso através da idiotice e da impaciência. Não haveria propostas de resolução nestes locais, nenhum fim para o sofrimento, apenas um reconhecimento público – e, no entanto, infinitamente reconfortante – de que nenhum de nós está sozinho com os seus problemas e lamentações.

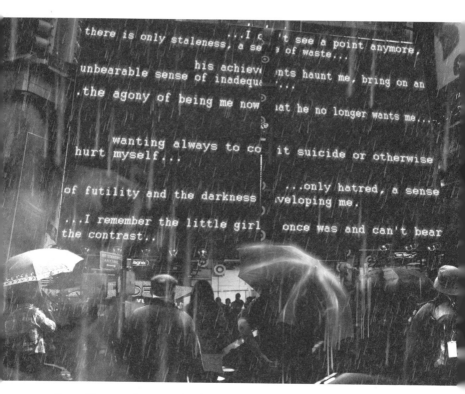

Os problemas mais graves não têm solução, mas ajudaria se nunca mais tivéssemos de lutar contra a ilusão de que fomos escolhidos para sermos perseguidos.

VII

Perspetiva

1.

Para os ateus, um dos textos mais consoladores do Antigo Testamento deveria ser o Livro de Job, que procura perceber porque é que acontecem coisas más a pessoas boas – uma questão para a qual, estranhamente, se recusa a dar respostas simples e baseadas na fé. Em vez disso, sugere que não nos compete a nós saber porque é que as coisas acontecem como acontecem, que nem sempre devemos interpretar a dor como castigo e que devemos recordar que vivemos num universo repleto de mistérios, onde os caprichos das nossas sortes não são certamente os maiores nem sequer, como perceberemos se conseguirmos olhar para as coisas com um distanciamento suficiente, os mais importantes.

O Livro de Job começa por nos apresentar o seu herói epónimo, um homem de Uz a quem Deus parece ter concedido todos os favores imagináveis. Quando o conhecemos, Job vive numa casa grande, é virtuoso e feliz, tem sete filhos e três filhas, 7000 ovelhas, 3000 camelos, 500 juntas de bois e 500 burros. Depois, num único dia, uma série de desastres catastróficos afetam-no a si, à sua família e ao seu gado. Primeiro, um bando de violentos sabeus rouba-lhe os bois e os burros. Em seguida, rebenta uma grande tempestade e os raios matam todas as suas ovelhas. Membros de uma tribo vizinha, os caldeus, roubam-lhe os camelos. E o pior de tudo é um furacão que sopra do deserto e destrói a casa do filho mais velho de Job, matando o jovem e os seus nove irmãos, que se tinham reunido no interior para um banquete.

Como se estas tribulações não bastassem, misteriosas feridas começam a espalhar-se pelo corpo de Job, tornando todos os seus movimentos excruciantes. Sentado numa pilha de cinzas, um homem destruído, Job raspa a pele com um caco de barro e, aterrorizado e em grande sofrimento, pergunta a Deus porque é que lhe aconteceram todas estas coisas.

Os amigos de Job pensam saber a resposta: ele deve ter pecado. Bildad de Chua tem a certeza de que Deus não teria matado os filhos de Job se eles – e o próprio Job – não tivessem feito alguma coisa muito errada. «Deus não rejeitará um homem justo», confidencia Bildad. Sofar de Naamat vai ao ponto de insinuar que os crimes de Job devem ter sido terríveis, e Deus generoso no castigo, pois o Senhor perdoa sempre mais do que castiga.

No entanto, Job descarta estas explicações como nada mais que «provérbios de cinza» e «torres de barro». Ele sabe que não pecou. Então, porque é que foi atormentado por estes problemas? Porque é que Deus o abandonou? Será que Deus existe?

Por fim, depois de grandes debates entre os homens, o próprio Senhor é impelido a responder a Job. Furioso, Deus vocifera no meio de uma tempestade no deserto:

«Quem é aquele que obscurece
a Minha providência com discursos sem inteligência?

Cinge os teus rins como um homem; pois vou
interrogar-te [...]

Onde estavas quando lancei
os fundamentos da terra? Diz-mo, se a tua
inteligência dá para tanto [...]

Por que caminho se espalha o nevoeiro, e o vento
do oriente se expande pela terra?

De que seio sai o gelo? E quem produz a geada
do ar [...]?

Conheces as leis do céu? [...]

É pela tua sabedoria que o falcão levanta voo [...]?

Poderás apanhar o crocodilo com um anzol?»

A provocação direta de Job à existência e às intenções éticas de Deus é assim recebida com uma resposta indireta, onde a divindade refere pormenorizadamente o pouco que os seres humanos sabem das coisas. Sendo criaturas frágeis e limitadas, como podem compreender os desígnios de Deus?, pergunta. E, dada a sua ignorância, que direito têm de usar palavras como *injusto* e *imerecido*? Há coisas não ditas sobre o universo que a humanidade não pode interpretar devidamente e sobre as quais não deveria, por conseguinte, ousar impor a sua lógica imperfeita. Os seres humanos não criaram o cosmos e, apesar de pensarem ocasionalmente o contrário, não o controlam nem são donos dele. Deus tenta que Job deixe de se preocupar com os acontecimentos da sua vida chamando a sua atenção para a imensidão e variedade da natureza. Evoca uma visão ampla da totalidade da existência, desde a formação da terra até aos movimentos das constelações, desde as alturas atingidas por um falcão em voo até ao trabalho de parto de uma cabra-montês, esperando incutir no homem de Uz um sentimento redentor de profundo respeito.

A estratégia resulta: Job é recordado da dimensão de tudo o que o ultrapassa e da idade, tamanho e mistério do espaço. A tempestade de Deus e as palavras sonoras e sublimes que Ele profere provocam um agradável pavor na sua audiência, uma noção de como os desastres dos homens são mesquinhos em comparação com os desígnios da eternidade, deixando Job – e o resto de nós, talvez – um pouco mais disposto a curvar-se perante as tragédias incompreensíveis e moralmente obscuras que acontecem na vida quotidiana.

2.

Alguns milénios depois de Job receber esta lição de Deus, outro judeu, Bento de Espinosa, tomou a seu cargo a tarefa de reformular o mesmo argumento num idioma mais secular.

Espinosa não tinha paciência para a noção de um Ser Supremo antropomórfico que podia falar aos seus seguidores do alto de uma montanha e vivia nas nuvens. Para ele, «Deus» era apenas um termo científico para a força que tinha criado o universo, a primeira causa ou, na expressão preferida do filósofo, a «causa de si mesma», *causa sui*.

Enquanto edificação filosófica, este Deus ofereceu a Espinosa um consolo considerável. Durante momentos de frustração e desastre, o filósofo recomendava a adoção de uma perspetiva cósmica, ou uma reconsideração da situação, na sua lírica e famosa formulação «sob um aspeto da eternidade», *sub specie aeternitatis*. Fascinado com a nova tecnologia da sua época – e acima de tudo com os telescópios e o conhecimento que eles davam sobre outros planetas –, Espinosa propôs que usássemos a nossa imaginação para sairmos de nós mesmos e tentássemos submeter a nossa vontade às leis do universo, por muito contrárias que elas pudessem parecer às nossas intenções.

Não estamos, portanto, muito longe do conselho que Deus dá a Job: em vez de tentarmos compensar as nossas humilhações insistindo na nossa suposta importância, deveríamos tentar compreender e apreciar a nossa insignificância essencial. O perigo notório de se viver numa sociedade sem Deus é que ela não nos lembra do transcendente e, por isso, não nos prepara para o desapontamento e para a eventual aniquilação. Quando Deus está morto, os seres humanos – para seu grande prejuízo – correm o risco de ocupar o centro do palco psicológico. Imaginam-se senhores dos seus destinos, maltratam a natureza, esquecem os ritmos do planeta, negam a morte e recusam-se a valorizar e honrar tudo o que não compreendem, até, por fim, colidirem catastroficamente com a dura realidade.

Ao nosso mundo secular faltam os tipos de rituais que poderiam colocar-nos suavemente no nosso lugar. Ele convida-nos sub-repticiamente a pensarmos no momento presente como o culminar da história e nas façanhas dos nossos semelhantes como a medida de todas as coisas – uma grandiosidade que nos faz mergulhar em turbilhões contínuos de ansiedade e inveja.

3.

Acima de tudo, a religião é um símbolo do que nos ultrapassa e uma pedagogia sobre as vantagens de reconhecermos a nossa insignificância. É naturalmente sensível aos aspetos da existência que nos descentram: glaciares, oceanos, formas de vida microscópicas, bebés recém-nascidos ou a linguagem ressonante do *Paraíso Perdido* de Milton («Inundações e remoinhos de fogo tempestuoso [...]»). Sermos colocados no nosso lugar por uma coisa maior, mais antiga e mais grandiosa que nós mesmos não é uma humilhação; deveria ser aceite como um alívio das ambições insanamente otimistas que temos para as nossas vidas.

A religião é mais perspicaz do que a filosofia a compreender que não basta esboçar essas ideias em livros. É claro que seria ideal se pudéssemos – crentes e não crentes – ver as coisas *sub specie aeternitatis* em todos os momentos, mas é quase certo que perderemos esse hábito, a menos que sejamos recordados dele de uma forma firme e consistente.

Assim, entre as iniciativas mais sagazes da religião está a provisão de recordações regulares do transcendente, na oração da manhã e na missa semanal, na festa das colheitas e no batismo, no Yom Kippur e no Domingo de Ramos. O mundo secular não tem um ciclo equivalente de momentos durante os quais também nós possamos ser incitados a sair imaginativamente da cidade terrena e recalibrar as nossas vidas de acordo com horizontes maiores e mais universais.

Se um processo de reavaliação deste tipo oferece algum ponto comum acessível tanto a ateus como a crentes, ele é um elemento da natureza mencionado tanto no Livro de Job como na *Ética* de Espinosa: as estrelas. É através da sua contemplação que os seculares têm a melhor oportunidade de experimentar sentimentos redentores de profundo respeito.

De uma forma míope, as autoridades científicas que são oficialmente responsáveis pela interpretação das estrelas parecem raramente reconhecer a importância terapêutica dos objectos estudados. Numa linguagem científica austera, as agências espaciais informam-nos das propriedades e órbitas dos corpos celestes, mas raramente consideram a astronomia uma fonte de sabedoria ou um corretivo plausível para o sofrimento.

A ciência devia ser importante para nós não apenas porque nos ajuda a controlar partes do mundo, mas também porque nos mostra coisas que *nunca* dominaremos. Assim, seria bom meditarmos diariamente, à semelhança do que os religiosos fazem em relação ao seu Deus, sobre os 9,5 biliões de quilómetros que constituem um único ano-luz, ou talvez sobre a luminosidade da maior estrela conhecida na nossa galáxia, a Eta Carinae, que se encontra a 7500 anos-luz de distância de nós e é 400 vezes maior que o Sol e quatro milhões de vezes mais brilhante. Deveríamos assinalar nos nossos calendários celebrações em honra da VY Canis Majoris, uma estrela hipergigante vermelha da

Piccadilly Circus: galáxia Messier 101, parte da constelação Ursa Maior, vista através do telescópio Hubble.

constelação Canis Major, a 5000 anos-luz de distância da Terra e 2100 vezes maior que o nosso Sol. À noite – talvez depois do noticiário principal e antes do concurso de perguntas e respostas sobre celebridades –, poderíamos fazer um momento de silêncio para contemplar os 200 a 400 mil milhões de estrelas na nossa galáxia, os 100 mil milhões de galáxias e os três quintilhões de estrelas no universo. Independentemente do seu valor para a ciência, no fundo as estrelas não são menos valiosas para a humanidade enquanto soluções para enfrentarmos a nossa megalomania, autopiedade ou ansiedade.

Para responder à nossa necessidade de estarmos regularmente ligados através dos nossos sentidos a ideias de transcendência, deveríamos insistir que uma percentagem dos ecrãs gigantes em lugares públicos fizesse transmissões diretas dos transmissores--recetores dos nossos telescópios extraplanetários.

Poderíamos então garantir que as nossas frustrações, os nossos corações partidos, o nosso ódio pelas pessoas que não nos telefonaram e os arrependimentos por oportunidades que deixámos escapar seriam ultrapassados por, e esbarrariam continuamente em, imagens de galáxias como a Messier 101, uma estrutura em espiral que se situa no canto inferior esquerdo da constelação Ursa Maior, a 23 milhões de anos-luz de distância, majestosamente alheia a tudo o que nós somos e consoladoramente indiferente a tudo o que nos dilacera.

VIII

Arte

1.

Para alguns ateus, um dos aspetos mais difíceis da renúncia à religião é ter de abdicar da arte sacra e de toda a beleza e emoção que ela transmite. Porém, se expressarem pena por este facto na presença de muitos não crentes, correm o risco de serem censurados por nostalgia sentimental e depois, talvez, bruscamente recordados de que as sociedades seculares desenvolveram meios extremamente eficazes de satisfazer os apetites artísticos outrora alimentados pelas fés.

É muito provável que esses não crentes refiram que, mesmo onde já não construímos igrejas, continuamos a erigir edifícios grandiosos que glorificam os nossos ideais visuais. Os melhores arquitetos competem pela oportunidade de criar essas novas estruturas; elas dominam as nossas cidades; atraem peregrinos de todo o mundo e as nossas vozes diminuem instintivamente para um sussurro no momento em que entramos nas suas galerias impressionantes. Daí a analogia tantas vezes feita: os nossos museus de arte tornaram-se as novas igrejas.

O argumento tem uma plausibilidade imediata e sedutora. As semelhanças parecem incontornáveis. Como as igrejas, os museus gozam de um estatuto sem paralelo: é lá que levaríamos um grupo de extraterrestres de visita, para lhes mostrar o que mais nos dá prazer e que mais veneramos. Como as igrejas, eles também são instituições às quais os ricos doam mais prontamente o seu capital em excesso – na esperança de se purificarem dos pecados que poderão ter cometido enquanto acumulavam a sua riqueza. Além disso, o tempo passado em museus parece conferir alguns dos mesmos benefícios psicológicos que a presença num serviço religioso; sentimos sensações comparáveis a comungar com algo mais grandioso que nós mesmos e a estarmos separados do mundo comprometido e profano lá fora. Poderemos até aborrecer-nos um pouco algumas vezes, como aconteceria nas igrejas, mas saímos com a sensação de que nos tornámos pessoas ligeiramente melhores numa série de formas indeterminadas.

Como as universidades, os museus prometem preencher as lacunas deixadas pelo esmorecimento da fé; também eles existem para nos dar significado sem superstição. Assim como os livros seculares alimentam a esperança de poderem substituir os Evangelhos, também é possível que os museus possam assumir as responsabilidades estéticas das igrejas.

2.
Por muito sedutora que esta tese possa parecer, sofre de algumas das mesmas falhas que corroem o argumento análogo sobre o ensino da cultura nas universidades. Em teoria, os museus podem estar bem equipados para satisfazer necessidades anteriormente supridas pela religião mas, à semelhança das universidades, na prática abdicam de uma grande parte do seu potencial pela forma como tratam o material precioso que lhes foi confiado. Apesar de nos exporem a objetos de genuína importância, os museus parecem incapazes de os associar adequadamente às necessidades das nossas almas. Demasiadas vezes, olhamos da forma errada para as imagens certas. No entanto, se há causa para otimismo, este relaciona-se com outra semelhança entre museus e universidades: as duas instituições estão abertas a reconsiderarem algumas das suas suposições mais incertas à luz dos conhecimentos da religião.

A pergunta fundamental a que o museu moderno tem uma dificuldade invulgar mas óbvia de responder é porque é que a arte deve ser importante. Insiste sem parar na importância da arte e reúne governos, mecenas e visitantes com base nesse pressuposto. No entanto, recua subsequentemente para um curioso silêncio institucional sobre em que é que esta importância poderá, na realidade, basear-se. Ficamos com a impressão de termos perdido partes cruciais de um argumento que, na realidade, o museu nunca apresentou, tendo-se limitado a seguir o rasto de uma contenção tautológica de que a arte deve ter relevância para nós por ser tão importante.

Em resultado disso, tendemos a entrar nas galerias com dúvidas sérias, se bem que necessariamente discretas, sobre o que devemos fazer nelas. O que nunca devemos fazer, evidentemente, é tratar as obras de arte *religiosamente*, especialmente se (como é muitas vezes o caso) elas têm uma origem religiosa. O museu moderno não é um lugar para os visitantes se ajoelharem diante de objetos outrora sagrados, chorarem e suplicarem coragem e orientação. Em muitos países, os museus foram criados explicitamente como novos ambientes seculares onde a arte religiosa poderia (em infração aos desejos dos seus autores) ser vista sem o seu contexto teológico. Não foi coincidência que, durante o período de governo revolucionário em França, em 1792, apenas três dias tivessem separado a declaração da rutura oficial do Estado com a Igreja Católica da inauguração do Palácio do Louvre como o primeiro museu nacional do país. As galerias do Louvre encheram-se rapidamente de objetos pilhados de igrejas católicas francesas e, subsequentemente, graças às campanhas de Napoleão, de mosteiros e capelas de toda a Europa.

Na actualidade, somos geralmente convidados a recolher factos sobre aquilo a que já não podemos rezar. Ser um «perito» em arte é, antes de mais, ter um grande conhecimento: sobre onde

Que devemos fazer com ela quando não podemos rezar-lhe? *Virgem e Menino*, *c*. 1324, confiscada da Abadia de Saint-Denis, Paris, em 1789.

Pode ser muito difícil não pensar na cafetaria: Thomas Struth, *National Gallery I, London, 1989*.

uma obra foi feita, quem pagou por ela, de onde eram oriundos os pais do artista e quais seriam as suas influências artísticas.

Numa vitrina de uma das galerias medievais do Louvre, encontramos uma estatueta identificada como *Virgem e Menino*, roubada da Abadia de Saint-Denis em 1789. Durante séculos antes da sua relegação para o museu, as pessoas ajoelhavam-se regularmente diante dela e retiravam força da compaixão e serenidade de Maria. Porém, a avaliar pela legenda e entrada no catálogo, na opinião do Louvre moderno, o que temos realmente de fazer em relação a ela é *compreendê-la* – compreender que é feita de prata dourada, que na mão livre Maria segura uma flor-de-lis de cristal, que a peça é típica dos objetos em metal fabricados em Paris durante a primeira metade do século XIV, que o formato global da figura provém de um modelo bizantino chamado a *Virgem da Ternura* e que é o exemplo francês mais antigo de esmaltagem *basse-taille* translúcida que começou a ser desenvolvido pelos artífices toscanos no final do século XIII.

Infelizmente, quando nos é apresentada acima de tudo como uma fonte de informações concretas, a arte depressa começa a perder o seu interesse para todos excepto uns poucos mais determinados. Uma medida desta indiferença está bem patente numa série de imagens do fotógrafo alemão Thomas Struth que nos mostra turistas a deambular por alguns dos maiores museus do mundo. Claramente incapazes de retirarem sentido do que os rodeia, os turistas prostam-se perplexos diante da *Anunciação* e da *Crucificação*, a consultar respeitosamente os seus catálogos, talvez à procura da data de uma obra ou do nome de um artista, enquanto à sua frente uma linha de sangue carmim escorre da perna musculosa do filho de Deus ou uma pomba paira num céu cerúleo. Esses turistas parecem querer ser transformados pela arte, mas

Que poderíamos fazer diante disto? Fiona Banner, *Every Word Unmade*, 2007.

os raios que eles esperam parecem nunca cair. Assemelham-se aos desapontados participantes de uma sessão espírita fracassada.

A perplexidade partilhada por frequentadores de museus só aumenta quando nos voltamos para a arte da nossa época. Olhamos para uma versão gigante do alfabeto em néon. Interiorizamos uma cuba com água gelatinosa onde uma folha de alumínio fixada a um motor está a baloiçar para trás e para a frente ao som ampliado do bater de um coração humano. Observamos um filme granuloso de uma mulher idosa a cortar uma maçã, entrecortado com a filmagem de um leão a correr na savana. E pensamos para nós mesmos que apenas um idiota ou um reacionário se atreveria a perguntar qual é o significado de tudo isto. A única certeza é que nem o artista nem o museu vão ajudar-nos: os textos de parede são reduzidos ao mínimo; os catálogos estão escritos de forma enigmática. Só uma alma corajosa levantaria a mão.

3.
Em contraste, o cristianismo nunca nos deixa com dúvidas sobre o objetivo da arte: é um meio para nos recordar o que é importante. Existe para nos orientar para o que devemos adorar e injuriar se queremos ser ajuizados, boas pessoas na posse de almas bem-aventuradas. É um mecanismo através do qual as nossas recordações são energicamente estimuladas no que diz respeito ao que devemos amar e às coisas pelas quais temos de dar graças, bem como ao que devemos afastar de nós e temer.

O filósofo alemão Hegel definiu a arte como «a apresentação sensual de ideias». Indicou que ela se destina a transmitir conceitos, tal como a linguagem comum, mas nos envolve através dos sentidos *e* da razão, e é incomparavelmente eficaz devido aos seus modos duplos de discurso.

A arte é a apresentação sensual de ideias fundamentais para a cura das nossas almas. Aqui, uma lembrança do amor. *Em cima:* Filippino Lippi, *A Adoração do Menino*, princípio da década de 1480. *Em baixo:* Audrey Bardou, avós com os netos, 2008.

Para regressar a um dos temas já abordados neste livro, precisamos de arte porque somos muito esquecidos. Somos criaturas do corpo e da mente, por isso necessitamos de arte para avivar as nossas imaginações lânguidas e motivar-nos de formas que as simples exposições filosóficas não conseguem. Muitas das nossas ideias mais importantes são menosprezadas e ignoradas na vida quotidiana, a sua verdade apagada pelo uso casual. Intelectualmente, sabemos que devemos ser bondosos, clementes e solidários, mas esses adjetivos têm tendência a perder todo o seu significado até encontrarmos uma obra de arte que arrebata os nossos sentidos e não nos liberta enquanto não nos recordarmos devidamente porque é que essas qualidades são importantes e até que ponto a sociedade necessita delas para o seu equilíbrio e para a sua sanidade. Mesmo a palavra *amor* tem tendência para se tornar estéril e banal em abstrato, até ao momento em que vislumbramos uma fotografia contemporânea de dois avós a dar pacientemente puré de maçã aos netos ao almoço ou uma representação do século XV de Maria e do seu filho na hora da sesta – e nos recordamos porque é que o amor está no âmago da nossa humanidade.

Poderíamos modificar a definição de Hegel para a tornar mais semelhante às revelações do cristianismo: a boa arte é a apresentação sensual das ideias mais importantes para o bom funcionamento das nossas almas – e, no entanto, temos uma grande inclinação para as esquecer, muito embora elas sejam a base da nossa aptidão para o contentamento e para a virtude.

O cristianismo nunca se perturbou com a ideia de dotar a arte de uma missão educativa e terapêutica. A sua própria arte aspirou de bom grado ao estatuto de propaganda. Apesar de se ter tornado um dos mais assustadores do nosso léxico, lembrado

Um papel para a arte em momentos cruciais da vida: *tavolette*.

pelos fins sinistros para que foi usado por determinados regimes históricos, a propaganda é um conceito neutro na sua essência, sugerindo apenas influência e não uma orientação específica para ela. Podemos associar a propaganda a corrupção e a cartazes de mau gosto, mas o cristianismo adotou-a como sinónimo do engrandecimento artístico da nossa recetividade a qualidades como a simplicidade, a amizade e a coragem.

Desde o século XIV até ao fim do século XIX, uma irmandade em Roma era conhecida por seguir os presos a caminho da forca e colocar diante dos seus olhos *tavolette*, ou pequenas placas com imagens da história cristã – normalmente de Cristo na Cruz ou da Virgem com o Menino – na esperança de que essas representações lhes trouxessem consolação nos seus últimos minutos de vida. É difícil conceber um exemplo mais extremo de uma crença na capacidade redentora das imagens, e, no entanto, a irmandade estava apenas a desempenhar uma missão à qual a arte cristã sempre se dedicou: a de colocar exemplos das ideias mais importantes diante de nós em momentos difíceis, para nos ajudar a viver e a morrer.

4.
Entre essas ideias importantes, nenhuma foi mais significativa para o cristianismo do que a noção de sofrimento. Aos olhos da religião, todos nós somos seres inerentemente vulneráveis que não passarão pela vida sem sentirem sofrimentos mentais e corporais atrozes. O cristianismo também sabe que a dor é agravada pela noção de que somos os únicos que a sentimos. Porém, regra geral, não somos muito hábeis a comunicar a natureza dos nossos problemas aos outros, nem a sentir as mágoas que os outros escondem atrás das suas fachadas estoicas.

Para sabermos sempre como é o sofrimento, percebermos que nenhum de nós escapará a ele e ficarmos mais bondosos através deste reconhecimento: Matthias Grünewald, *Retábulo de Isenheim*, 1516.

Por conseguinte, precisamos da arte para nos ajudar a perceber a nossa dor negligenciada, para apreendermos aquilo que não é abordado numa conversa de ocasião e para nos livrarmos de uma relação estéril com as nossas próprias qualidades mais desprezadas e estranhas.

Durante mil anos ou mais, artistas cristãos dedicaram-se a fazer-nos sentir como seria termos pregos grandes e enferrujados enterrados nas palmas das mãos, sangrarmos de feridas abertas no corpo e subirmos uma colina íngreme com as pernas já quebradas pelo peso da cruz que transportamos. A descrição dessa dor não pretende ser mórbida; pelo contrário, pretende ser um caminho para o desenvolvimento moral e psicológico, uma forma de aumentar os nossos sentimentos de solidariedade e as nossas capacidades de compaixão.

Na primavera de 1512, Matthias Grünewald começou a trabalhar num retábulo para o Mosteiro de Santo António, em Isenheim, no Nordeste da França. Os monges desta ordem dedicavam-se a cuidar dos doentes, especialmente das pessoas que sofriam de ergotismo, ou Fogo de Santo António, uma doença normalmente fatal que provoca apoplexias, alucinações e gangrenas. Depois de o retábulo estar concluído, passou a ser habitual todos os doentes recém-chegados ao mosteiro serem levados à capela para o contemplarem, para poderem compreender que o sofrimento que sentiam agora tinha em tempos sigo igualado, e talvez superado, pelo próprio filho de Deus.

É fundamental para o impacto da história cristã que Jesus tenha morrido na porventura maior agonia jamais sentida por alguém. Assim, ele oferece a todos os seres humanos, mesmo que atormentados pela doença e sofrimento, a prova de que não estão sozinhos no seu estado – poupando-os, se não do sofrimento em si, pelo menos da sensação derrotista de que foram escolhidos para um castigo invulgar.

A história de Jesus é um registo de dor — traição, solidão, dúvida de si mesmo, tortura — através do qual a nossa angústia pode ser espelhada e contextualizada e as nossas impressões da sua raridade, corrigidas. É claro que não é difícil formar essas impressões, tendo em conta o vigor com que a sociedade rejeita as nossas dificuldades e nos rodeia de imagens publicitárias sentimentais que nos ameaçam por as suas promessas parecerem tão afastadas da nossa realidade.

O cristianismo reconhece a capacidade da melhor arte de dar forma à dor e, desse modo, atenuar o pior dos nossos sentimentos de paranoia e isolamento. Há muito que os artistas católicos pintam ciclos de quadros conhecidos por «As Sete Dores de Nossa Senhora», representações dos episódios mais dolorosos da vida da Virgem Maria, segundo a profecia que Simeão fez da morte e enterro de Jesus. A tradição dita que os fiéis devam meditar sobre essas obras e através delas fazer o possível por compreenderem melhor não só as provações de Maria mas também as provações sofridas pelas mães. Apesar de definidos pelas particularidades do catolicismo, os ateus poderiam encontrar inspiração na intenção fundamental desses ciclos marianos. Poderíamos considerar a atribuição a um grupo de artistas contemporâneos da tarefa de representar as Sete Dores da Paternidade, as Doze Dores da Adolescência ou as Vinte e Uma Dores do Divórcio.

O mais famoso de todos os ciclos católicos de sofrimento é as Catorze Estações da Via Sacra, cujos elementos ilustram o trágico último episódio da vida de Jesus, começando pela Condenação e terminando na Deposição no Túmulo. Penduradas por ordem à volta dos nichos ou colunas de uma igreja, as Estações

Bernard van Orley e Pedro Campaña,
As Sete Dores da Virgem (pormenor),
c. 1520-35.

A arte atenua a sensação de não se ser compreendido: uma imagem
de François Coquerel, de um ciclo imaginado das Doze Dores da Adolescência.

destinam-se a ser percorridas ao contrário do movimento dos ponteiros do relógio e cada paragem lança luz sobre um aspeto diferente da agonia.

Embora o fim de Jesus possa ter sido excecionalmente bárbaro, a estratégia de organizar um ciclo de imagens representativas de adversidade, de enriquecê-las com comentários e pendurá-las num circuito ambulatório à volta de um espaço de contemplação poderia ser tão eficaz no reino laico como no reino cristão. Pela sua natureza, a vida impõe dores partilhadas por todos nós, baseadas em realidades psicológicas e sociais intemporais; todos nos debatemos com os dilemas da infância, educação, família, trabalho, amor, envelhecimento e morte – muitos dos quais têm agora rótulos semioficiais («angústia existencial da adolescência», «depressão pós-parto», «crise de meia-idade»). Novos ciclos seculares representativos de sofrimentos poderiam ancorar-se à volta destes dilemas e, assim, articular a verdadeira natureza das suas dimensões camufladas. Poderiam ensinar-nos na segurança e tranquilidade de uma galeria, lições sobre o verdadeiro rumo da vida antes de os acontecimentos encontrarem uma forma de fazer o mesmo com a sua característica violência e surpresa.

5.

A arte cristã compreende que as imagens são importantes em parte porque podem gerar compaixão, a frágil qualidade que permite a dissolução das fronteiras dos nossos egos, nos ajuda a reconhecermo-nos nas experiências de desconhecidos e pode fazer a dor deles ser tão importante para nós como a nossa própria dor.

A arte tem um papel a desempenhar nesta manobra da mente na qual, não coincidentemente, se baseia a própria civilização, porque as avaliações insensíveis que fazemos dos outros não pas-

Arte 219

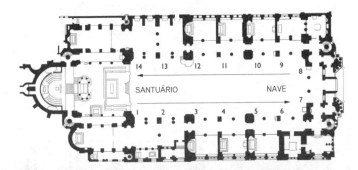

Estação 9: Jesus Cai pela Terceira Vez, das Catorze Estações da Via Sacra, de Eric Gill, Catedral de Westminster, 1918.

220   Religião para Ateus

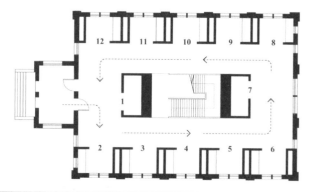

Estação 9: A Estação da Incapacidade, pertencente a um conjunto imaginário das Doze Estações da Velhice.

sam normalmente de nada mais sinistro do que o nosso hábito de olhar para eles da forma errada, através de lentes toldadas pela distração, exaustão e medo, que nos cegam para o facto de eles serem, apesar das mil diferenças, versões alteradas de nós mesmos: seres frágeis, inseguros e imperfeitos como nós que também anseiam por amor e necessitam urgentemente de perdão.

Para reforçar a ideia de que ser humano é, acima de tudo o resto, partilhar uma vulnerabilidade comum para o infortúnio, a doença e a violência, a arte cristã devolve-nos inexoravelmente à carne, na forma quer das faces gorduchas de Jesus recém-nascido, quer da sua pele tensa e partida sobre a caixa torácica nas suas últimas horas. A mensagem é clara: mesmo que não sangremos até à morte pregados numa cruz, pelo simples facto de sermos humanos sofreremos o nosso quinhão de agonia e indignidade e cada um de nós enfrentará realidades chocantes e intratáveis que poderão, no entanto, despertar em nós sentimentos de reciprocidade. O cristianismo insinua que, se os nossos corpos fossem imunes à dor ou à decadência, nós seríamos monstros.

Retratar os outros como crianças pode dar origem a momentos de identificação semelhantes. Não é coincidência que, a seguir às cenas da Crucificação, a primeira infância de Jesus seja o tema mais frequente da arte cristã, a sua inocência e sua doçura de bebé a contrastarem fortemente com a forma como sabemos que a sua história terminará. As imagens de Jesus a dormir nos braços da mãe reforçam subliminarmente o seu conselho de que deveríamos aprender a olhar para todos os nossos semelhantes como se eles fossem crianças. Em tempos, os nossos inimigos também foram bebés, necessitados de atenção e não eram maus, também tiveram cinquenta centímetros

Miguel Ângelo Buonarroti, *Pietà*, 1499.

Uma doente de cancro depois de uma sessão de quimioterapia, por Preston Gannaway, 2008.

de comprimento e respiraram suavemente, deitados de barriga para baixo, a cheirar a leite e a pó de talco.

Embora os nossos poderes de destruição aumentem com a idade, embora percamos a capacidade de provocar a pena nos outros, mesmo tendo acumulado uma quantidade maior de razões para sermos lamentados, mantemos sempre um pouco da candura e da falta de astúcia com que começámos. Ao contar a jornada de um homem desde a manjedoura, o cristianismo conta uma história quase universal acerca do destino da inocência e da docilidade num mundo turbulento. A maior parte das pessoas são cordeiros que necessitam de bons pastores e de um rebanho misericordioso.

6.

A falibilidade dos nossos poderes imaginativos naturais amplia a nossa necessidade de arte. Dependemos dos artistas para orquestrarem momentos de compaixão que estimulem regularmente as nossas sensibilidades; para criarem condições artificiais através das quais podemos experimentar, em relação às figuras que vemos em obras de arte, alguns sentimentos que poderemos ter um dia por pessoas de carne e osso nas nossas vidas.

A possibilidade de responder compassivamente aos outros está crucialmente associada ao nosso ponto de vista. Segundo a nossa perspetiva, podemos ver um marido cheio de si a admoestar a mulher, ou duas pessoas feridas e humilhadas igualmente incapazes de articular devidamente a sua angústia; um orgulhoso batalhão de soldados na rua de uma aldeia, ou uma menina assustada a esconder-se de invasores na soleira de uma porta; um velho a caminhar para casa com um saco de compras da mercearia, ou um antigo vencedor de uma medalha de ouro em

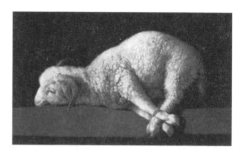

Em cima: Francisco de Zubarán, *O Cordeiro de Deus*, c. 1635. *Em baixo:* o que separa a compaixão da indiferença é o ponto de vista: Helen Levitt, *Nova Iorque 1940.*

natação de estilo livre transformado numa figura curvada e macilenta, irreconhecível até para si mesmo.

Ao olharmos para a fotografia de Helen Levitt de quatro rapazes numa rua de Nova Iorque, é provável que sintamos vontade de consolar o menino de rosto sombrio e estoico que está no canto, cuja mãe deve ter apertado há cerca de meia hora os muitos botões do bonito casaco que ele usa e cuja expressão aflita invoca uma forma pura de agonia. Mas esta cena pareceria muito diferente a um metro de distância e de outro ponto de observação. Para o rapaz que está no canto direito, o que parece mais importante é a oportunidade de olhar melhor para o brinquedo do amigo. Já perdeu todo o interesse no bebé chorão que está encostado à parede, em quem ele e os amigos acabaram de bater com força para se divertirem um pouco, hoje como na maioria dos outros dias.

Similarmente, uma resposta compassiva ao panorama de Mantegna do topo da colina depende de como somos orientados para olhar para o Calvário. O princípio de tarde soalheiro, com as suas nuvens finas a flutuar num horizonte azul-claro, pode ter parecido excecionalmente agradável e tranquilo para o soldado que regressava a casa com a sua lança ao ombro, a antecipar jantar uma omeleta ou perna de frango. A contemplar o vale à sua frente, com as suas vinhas e rios, ele dificilmente teria registado os habituais gemidos soltados pelos marginais pregados nas cruzes. Entretanto, para os seus colegas soldados sentados no chão, a questão mais premente do dia da morte do filho de Deus poderia ter sido quem ia ganhar cinco denários no jogo que estavam a jogar em cima de um escudo.

A gama de possíveis perspetivas em qualquer cena – e, por conseguinte, a gama de respostas disponíveis para o espectador – revela as responsabilidades que recaem sobre os criadores de imagens:

Andrea Mantegna, *Crucificação*, 1459.

dirigirem-nos para aqueles que merecem mas muitas vezes não conquistam a nossa simpatia, serem testemunhas de tudo aquilo a que seria mais fácil voltarmos as costas. A gravidade da tarefa explica o lugar privilegiado atribuído segundo a tradição cristã a São Lucas, o santo padroeiro dos artistas, que, reza a lenda, foi o primeiro a representar a Crucificação e é frequentemente retratado na arte cristã com pincéis e tintas na mão, registando o que os soldados romanos fingiam não ver.

7.
Apesar de a pergunta genérica do que faz um bom artista suscitar sempre uma forte discussão, no contexto da religião, os critérios são mais limitados e mais diretos: pelos padrões cristãos, um bom artista é aquele que anima com sucesso as importantes verdades morais e psicológicas que correm o risco de nos fugir no meio das condições loucas da existência quotidiana. Os artistas cristãos sabem que os seus talentos técnicos – o seu domínio da luz, composição e cor, o seu conhecimento profundo dos materiais e dos meios – têm como objetivo supremo provocar em nós respostas éticas, para que os nossos olhos possam treinar os nossos corações.

A lutar contra esta missão estão todos os tipos de clichés visuais. A verdadeira dificuldade com as ideias subjacentes à compaixão não é o facto de parecerem surpreendentes ou peculiares, mas, antes, de parecerem demasiado óbvias: a sua própria razoabilidade e ubiquidade privam-nas do seu poder. Para citar um paralelo verbal, ouvimos dizer mil vezes que devemos amar o nosso próximo, mas a diretiva perde todo o seu significado quando é apenas repetida rotineiramente.

O mesmo acontece com a arte: as cenas mais dramáticas, se pintadas sem talento nem imaginação, suscitam apenas indiferença

Uma lembrança do que é a coragem: Rembrandt van Rijn, *Cristo na Tempestade no Mar da Galileia*, 1633.

e tédio. Assim, os artistas têm a tarefa de encontrar novas formas de manter abertos os nossos olhos para ideias tão fastidiosamente conhecidas e, no entanto, fundamentais. A história da arte cristã contém ondas de ataques às grandes verdades antigas por génios que tentaram garantir que os espectadores ficariam novamente surpreendidos e seriam levados ao aperfeiçoamento interior pela humildade da Virgem, pela fidelidade de José, pela coragem de Jesus ou pelo sadismo das autoridades judaicas.

De acordo com os preceitos básicos do cristianismo, todos esses esforços acabam por ter um objetivo duplo: encorajar a repugnância pelo mal e infundir o amor pela bondade. Em ambos os casos, a arte inferior é problemática, não por razões estritamente estéticas, mas porque não consegue promover uma emoção e ação apropriadas. Não é fácil continuar a dar vida ao inferno: a tentativa pode produzir facilmente apenas mais uma cuba de carne a arder, mais uma numa série redundante que, no seu horror formalizado, acaba por não comover ninguém. É preciso mais que sede de sangue para ressuscitar a nossa repugnância pela crueldade. Podemos ficar cansados de ver mais um quadro do sétimo círculo do inferno ou mais uma fotografia dos campos da morte em Gaza – até um artista virtuoso nos cativar com uma imagem que nos recorda finalmente o que está verdadeiramente em jogo.

O mal tem de ser continuamente renovado para nos ajudar a sentir o seu poder, tal como acontece com a bondade. Por conseguinte, os artistas cristãos esforçaram-se incansavelmente por representar a virtude de uma forma vívida, para perfurar o nosso cinismo e cansaço do mundo e colocar diante de nós representações de indivíduos com quem todos desejaríamos ser um pouco mais parecidos.

Se não tivermos cuidado, até o inferno se torna maçador. Necessitamos de artistas talentosos para invocar o compromisso moral que de outra forma esquecemos. *Em cima:* Fra Angelico, *Último Julgamento* (pormenor), 1435.
Em baixo: Abid Katib, *Hospital Shifa, Gaza*, 2008.

8.
Naturalmente, a arte cristã não trata todos os temas que devemos ter presente para bem da saúde das nossas almas. Ela ignora uma grande quantidade de tópicos: o papel da autodisciplina, a necessidade de jovialidade, a importância de honrar a fragilidade do mundo natural... Mas não é a perfeição que está em causa. Para os nossos objetivos, o cristianismo está mais interessado em definir uma missão dominante para a arte: representar virtudes e vícios e recordar-nos o que é importante, embora propenso a ser esquecido.

Intrigantemente, o cristianismo nunca esperou que os seus artistas decidissem o tema das suas obras; os teólogos e os doutores do divino eram responsáveis por enunciar os temas importantes e transmiti-los a pintores e escultores, que os transformavam num fenómeno estético convincente. A Igreja perguntou implicitamente porque é que o domínio dos aspetos técnicos da arte – um talento para fazer um pingo de tinta parecer um cotovelo ou um pedaço de pedra parecer cabelo – deveria ser considerado compatível com a capacidade de entender o sentido da vida. Acima de tudo o resto, a religião não esperou que Ticiano pudesse ser um filósofo dotado. Pode ser que estejamos a exigir demasiado dos nossos artistas seculares, pedindo-lhes não só que impressionem os nossos sentidos, mas também que sejam os criadores de profundas revelações psicológicas e morais. A nossa cena artística poderia beneficiar de maiores colaborações entre pensadores e fazedores de imagens, um casamento das melhores ideias com as suas expressões mais elevadas.

O cristianismo também foi sensato em não insistir que os conceitos subjacentes às obras de arte mudassem constantemente.

O cristianismo sugere que deveríamos cingir-nos a determinados temas fundamentais e deixar que os artistas alcancem a grandeza principalmente através das suas interpretações. *Em cima:* Jean-Honoré Fragonard, *O Descanso durante a Fuga para o Egito*, 1750. *Em baixo:* Ticiano, *Fuga para o Egito*, c. 1504.

Houve poucas doutrinas mais prejudiciais para a arte do que a convicção romântica de que a grandeza deve envolver originalidade constante a um nível dramático. Os artistas cristãos puderam expressar amplamente as suas capacidades únicas, mas tiveram de se limitar a um plano de tópicos estabelecidos, desde a Anunciação até à Deposição. As suas inclinações individuais foram subordinadas a uma crença dominante que lhes poupou a implacável pressão romântica de serem originais.

Especificar que as imagens devem centrar-se nas mesmas ideias não é o mesmo que exigir que todas devem parecer idênticas. Assim como as versões de Ticiano e Fragonard da *Fuga para o Egito* da sagrada família são completamente diferentes entre si, também um putativo «Dores de Infidelidade» retratado por um fotógrafo contemporâneo como Jeff Wall não necessitaria de ser parecido com o mesmo tema tratado pelos seus colegas Philip-Lorca diCorsa ou Alec Soth.

9.

Apesar de termos até este ponto considerado apenas incidentalmente a arte moderna secular, e pelo prisma da fotografia, o modelo através do qual a arte serve como mecanismo para nos recordar ideias importantes estende-se confortavelmente para lá do reino representativo para incluir obras abstratas.

Embora por vezes possa tornar-se difícil perceber o tema das obras abstratas, podemos sentir bastante bem quais são os seus temas latos e, quando estão em causa grandes obras, acolhemo-las nas nossas vidas pelos mesmos motivos que acolhemos as imagens figurativas: porque elas nos põem novamente em contacto com temas que precisamos de manter perto de nós mas corremos o risco de perder de vista. Sentimos virtudes como a coragem e a força a emanar das austeras chapas de aço de Richard Serra. Há evocações sempre necessárias de calma nas geometrias formais dos quadros de Agnes Martin, enquanto há poemas sobre o papel da tensão numa vida boa latentes nas esculturas de madeira e corda de Barbara Hepworth.

O budismo foi bastante provocador ao sugerir que a nossa reação às criações abstratas poderia ser melhorada se nos fossem dadas sugestões específicas quanto ao que deveríamos pensar enquanto as contemplamos. Quando confrontados com os complexos padrões de mandalas, por exemplo, somos encorajados a limitar a sua gama de possíveis significados e a concentrarmo-nos nelas enquanto representações sensoriais da harmonia do cosmos descrito na teologia budista. Adicionalmente, a religião dá-nos mantras para repetirmos enquanto olhamos, a maioria das vezes «*Om mani padme hum*» (traduzido do sânscrito como «Generosidade-ética-paciência-diligência-renúncia-sabedoria»), que estabelecem um círculo virtuoso pelo qual os nossos olhos enriquecem as nossas ideias enquanto as nossas ideias orientam a nossa visão.

Inspirados pelas orientações pesadas mas produtivas do budismo, poderemos pedir a muitas obras de arte que nos digam mais explicitamente que noções importantes estão a tentar recordar-nos pelos sentidos, para nos salvarem da hesitação e perplexidade que poderiam de outro modo provocar. Apesar de um forte preconceito elitista contra a orientação, as obras de arte raramente ficam diminuídas por trazerem manuais de instrução.

10.

Para além de nos orientarem para repensarmos os temas e objetivo da arte, as religiões também nos pedem que reconsideremos

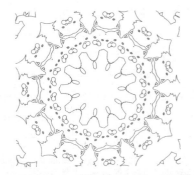

O que separa a obra de um artista abstrato contemporâneo como Richard Long (*em baixo*) da tradição da mandala budista (*em cima*) é que a peça de Long não tem liturgia, não nos diz aquilo em que devemos pensar quando olhamos para ela e, por conseguinte, independentemente da sua grande beleza formal, corre o risco de provocar reações de perplexidade ou tédio. Apesar do forte preconceito elitista contra a orientação, as obras de arte não são diminuídas por trazerem manuais de instruções.

as categorias sob as quais as obras estão agrupadas. Os museus modernos conduzem-nos tipicamente para galerias organizadas sob cabeçalhos como «O Século XIX» e «A Escola do Norte de Itália», que refletem as tradições académicas em que os seus curadores foram educados. Porém, esta organização não é mais sensível às necessidades dos frequentadores de museus do que é, para leitores, a divisão académica da literatura em categorias como «O Romance Americano do Século XIX» ou «Poesia Carolíngia».

Um sistema de catalogação mais fértil agruparia obras de arte de diferentes géneros e eras segundo os interesses das nossas almas. Visitas a galerias levar-nos-iam por espaços que tentariam lembrar-nos de uma forma sensorial – com a ajuda de rótulos e catálogos incontritos – ideias importantes relacionadas com uma série de áreas problemáticas das nossas vidas. Haveria galerias dedicadas a invocar a beleza da simplicidade (onde estariam expostas obras de Chardin e Choe Seok-Hwan), os poderes de cura da natureza (Corot, Hobbema, Bierstadt, Yuan Jiang), a dignidade do forasteiro (Friedrich, Hopper, Starkey) ou o consolo dos cuidados maternos (Hepworth, Cassatt). Uma visita a um museu equivaleria a um encontro estruturado com algumas das coisas que temos mais facilidade em esquecer e que é mais essencial e melhor para a vida recordar.

Neste aperfeiçoamento, poderíamos procurar inspiração na igreja paroquial veneziana de Santa Maria Gloriosa dei Frari. Orgulhosamente indiferente à metodologia de catalogação do sistema académico, a igreja de Frari está empenhada na missão de reequilibrar as nossas almas com uma variedade de obras extremamente ecléticas, incluindo um fresco de Paolo Veneziano (*c.* 1339), uma estátua de São João Batista da autoria de Donatello

(1438), *Nossa Senhora e o Menino com Santos* de Giovanni Bellini (1488) e um grande retábulo de Ticiano (1516-18). O edifício reúne esculturas, quadros, estruturas metálicas e vitrais de vários séculos e regiões, porque está mais interessada na coerência do impacto da arte nas nossas almas que na coerência das origens e inclinações estilísticas das pessoas que a produziram.

Em contraste, no que diz respeito a honrar o objetivo da arte, a ordem aparente do museu moderno está no centro de uma profunda *des*ordem. Tradições académicas como escolher obras de acordo com o lugar ou o momento em que foram criadas, agrupando-as em categorias como «Escola de Veneza» e «Escola de Roma», ou «paisagens» e «retratos», ou separando-as por géneros – fotografia, escultura, pintura –, impedem que os museus seculares alcancem uma verdadeira coerência a nível emocional e, por conseguinte, reivindiquem o verdadeiro poder transformador da arte exposta em igrejas e templos.

11.
O desafio é reescrever as prioridades dos nossos museus, para que a arte possa começar a servir as necessidades da psicologia tão eficazmente como serviu durante séculos as necessidades da teologia. Os curadores deveriam atrever-se a reinventar os seus espaços, para estes poderem ser mais que bibliotecas mortas para as criações do passado. Esses curadores deveriam cooptar obras de arte para a tarefa direta de nos ajudar a viver: para alcançarmos autoconhecimento, para recordarmos o perdão e o amor e para nos mantermos sensíveis às mágoas sofridas pela nossa espécie sempre inquieta e pelo seu planeta urgentemente em perigo. Os museus têm de ser mais do que espaços para expor objetos belos. Devem ser lugares que usam objetos belos

para tentar tornar-nos bons e sábios. Só então os museus poderão afirmar que cumpriram devidamente a nobre mas ainda elusiva ambição de se tornarem as novas igrejas.

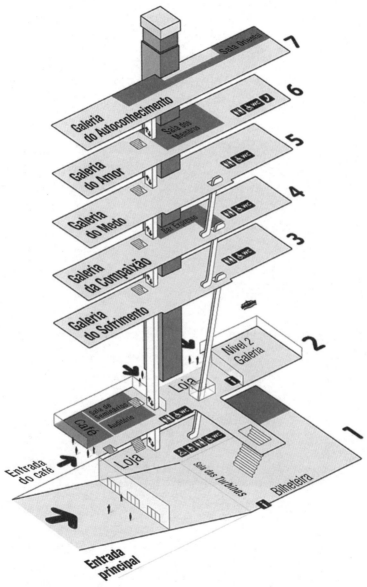

Um novo Tate Modern, Londres. Se os museus fossem realmente as nossas novas igrejas, não seria preciso mudar a arte, mas apenas a forma como ela seria organizada e apresentada. Cada galeria concentrar-se-ia em dar vida a um conjunto de emoções importantes e reequilibradoras.

IX

Arquitetura

1.

Dado que enormes extensões do mundo moderno se tornaram extremamente feias, poderíamos perguntar a nós mesmos se a aparência das coisas que nos rodeiam é verdadeiramente importante, se o desenho de torres de escritórios, fábricas, depósitos e docas merece realmente a consideração de alguém para além das pessoas que possuem ou usam diretamente essas estruturas. A resposta implícita tem de ser não. É seguramente disparatado, presunçoso e, em última análise, perigoso estarmos demasiado recetivos ao que está diante dos nossos olhos; caso contrário, estaríamos infelizes a maior parte do tempo.

Assim, no que diz respeito à lei, a construção civil é apenas mais um ramo da iniciativa privada. O que conta é quem possui um pedaço de terra, não quem é obrigado a olhar, e acaba por sofrer, com o que foi construído nela. O sistema judiciário não foi concebido para reconhecer as sensibilidades dos transeuntes. A queixa de que uma torre ou hotel ofende o olhar resulta de uma categoria de angústia que os responsáveis pelo planeamento e ordenamento do território contemporâneos não são hábeis a reconhecer ou resolver. Na sua tolerância às paisagens que não nos deixam regra geral outra opção a não ser olhar para os pés, o mundo moderno é resolutamente, e num sentido secular, *protestante*.

Quando o protestantismo se instalou no Norte da Europa na primeira metade do século XVI, manifestou uma hostilidade extrema relativamente às artes visuais, atacando os católicos devido aos seus edifícios complicados e profusamente decorados. «Para alguém chegar ao Deus Criador, precisa apenas da Escritura como seu Guia e Professor», insistiu João Calvino, dando voz ao sentimento antiestético de muitos adeptos da nova denominação. O que importava para os protestantes era a palavra escrita. Isto,

Arquitetura 243

Estátuas em relevo na Catedral de St. Martin, Utrecht, atacada durante as campanhas de iconoclasmo reformista no século XVI.

e não a arquitetura elaborada, seria suficiente para nos conduzir a Deus. A devoção podia ser alimentada por uma Bíblia numa sala vazia do mesmo modo que podia ser alimentada na nave de uma catedral cheia de joias incrustadas. Na verdade, havia o risco de os edifícios sumptuosos poderem distrair-nos com a sua riqueza sensorial, levando-nos a preferir a beleza ao sagrado. Não foi por coincidência que os reformadores protestantes lideraram repetidos incidentes de profanação estética durante os quais estátuas foram destruídas, quadros queimados e anjos de alabastro brutalmente separados das suas asas.

Entretanto, esses mesmos reformadores forçaram os seus arquitetos a criar hangares sóbrios e simples que poderiam abrigar da chuva os membros de uma congregação enquanto eles liam a Bíblia, mas não os distrairiam com pensamentos acerca do edifício onde se encontravam.

O catolicismo não demorou muito tempo a reagir. Depois do Concílio de Trento em 1563, o Papa emitiu um decreto em que insistia que, ao contrário das insinuações ímpias dos protestantes, as catedrais, esculturas e quadros eram essenciais para a tarefa de garantir que «o povo podia ser instruído e confirmado no hábito de recordar, e ter constantemente em mente, os Artigos da Fé». Longe de ser uma diversão, a arquitetura sagrada era uma chamada de atenção para as verdades sacramentais: era um poema devoto escrito em pedra, madeira e fragmentos de vidro colorido. Para cimentar o argumento, a Igreja Católica deu início a um extenso programa de construção e decoração. A par dos salões pálidos e sem interesse da Reforma, surgia agora uma nova geração de edifícios eclesiásticos destinados a trazer de novo emoção ardente a uma fé ameaçada. Cobriram-se tetos com imagens do céu, preencheram-se nichos com santos e enfeitaram-se paredes

Esquerda: Capela do Schloss Hartenfels, Torgau, Alemanha, 1544. *Direita:* Chiesa del Gesù, Roma, 1584.

com pesados moldes de estuque, acima de frescos que retratavam incidentes milagrosos durante a vida de Jesus.

Para compreender o fosso estético que se tinha aberto entre os dois ramos do cristianismo, só temos de comparar a sobriedade da primeira capela protestante ainda existente, no Schloss Hartenfels, Torgau, na Alemanha (1544), com o êxtase da abóbada da nave («Triunfo do nome de Jesus») da Chiesa del Gesù, em Roma (1584).

2.

Ao defender a importância da arquitetura, o catolicismo estava a reforçar, de uma forma meio comovente meio alarmante, a forma como funcionamos. Estava a sugerir que sofremos de uma sensibilidade intensificada ao que nos rodeia, que repararemos e seremos afetados por tudo aquilo que os nossos olhos virem, uma vulnerabilidade a que o protestantismo preferiu frequentemente manter-se cego ou indiferente. O catolicismo estava a fazer a notável alegação de que necessitamos de ter boa arquitetura à nossa volta para sermos, e nos mantermos, boas pessoas.

As bases do respeito do catolicismo pela beleza podem ser encontradas na obra do filósofo neoplatónico Plotino, que, no século II, estabeleceu uma ligação clara entre beleza e excelência. Para Plotino, a qualidade do que nos rodeia conta porque o que é belo está longe de ser inútil, imoral ou indulgentemente «atraente». A beleza alude a virtudes como o amor, a confiança, a inteligência, a bondade e a justiça, e pode recordar-nos delas; é uma versão material da excelência. Se estudarmos flores, colunas ou cadeiras belas, como a filosofia de Plotino propôs, detetaremos nelas propriedades que têm analogias diretas com qualidades morais e servirão para reforçá-las nos nossos corações através do olhar.

Entretanto, o argumento de Plotino serviu para realçar a seriedade com que teríamos de considerar a fealdade. Longe de ser meramente desafortunada, a fealdade foi recategorizada como um subconjunto do mal. Considerou-se que os edifícios feios continham equivalentes das falhas que nos revoltam a um nível ético. Não menos que as pessoas, os edifícios feios podem ser descritos como sendo brutais, cínicos, pretenciosos ou sentimentais. Além disso, não somos menos vulneráveis às suas sugestões do que somos ao comportamento de conhecidos mal-intencionados. Ambos apelam aos nossos lados mais sinistros; ambos podem encorajar-nos subtilmente a sermos maus.

Seguramente não foi por coincidência que os países protestantes na Europa foram os primeiros a testemunharem os extremos de fealdade que se tornariam tão típicos no mundo moderno. Manchester, Leeds e outras cidades semelhantes sujeitaram os seus habitantes a graus até então inauditos de fealdade, como se estivessem a testar ao limite a convicção de João Calvino de que a arquitetura e a arte não influenciam o estado das nossas almas e que uma vida santa pode, assim, desenrolar-se satisfatoriamente numa barraca de um bairro de lata com vista para a entrada de uma mina de carvão, desde que haja uma Bíblia à mão.

Esta ideologia não passou sem oposição – e o catolicismo esteve mais uma vez envolvido na resistência a ela. Quando Augustus Pugin, um arquiteto e devoto católico do século XIX, considerou as novas paisagens da Inglaterra industrial, atacou-as não apenas pela aparência, mas também pelo seu poder de destruição do espírito humano. Em duas ilustrações contrastantes, representou uma típica cidade inglesa, primeiro como imaginava que ela tinha sido no século XV durante o esteticamente sensível regime católico e depois, quatro séculos mais tarde, como era na sua época, grosseiramente manchada pelos opressivos albergues, oficinas e fábricas da ordem protestante. Na opinião de Pugin, o protestantismo tinha promovido diretamente a noção imprudente e extremamente influente (e, para os construtores, muitíssimo conveniente) de que era possível destruir a aparência de uma cidade sem danificar de alguma forma as almas dos seus habitantes.

Seria bastante fácil acusar Pugin de sectarismo grosseiro e esteticismo rebuscado, mas a possibilidade mais assustadora e criadora de ansiedade é que ele estava essencialmente certo, se não no seu ataque aos protestantes, pelo menos na avaliação fundamental do impacto que as formas visuais podem ter em nós. E se as nossas mentes forem suscetíveis a mais coisas do que aos livros que lemos? E se também formos influenciados pelas casas, hospitais e fábricas que nos rodeiam? Não teríamos, assim, bons motivos para protestar contra a fealdade – e, apesar de mil obstáculos, tentar construir edifícios que poderiam inspirar excelência devido à sua beleza?

3.
Nas regiões seculares do mundo, é comum, mesmo entre os não crentes, na verdade especialmente entre eles, lamentar o fim dos dias grandiosos da arquitetura religiosa. É comum ouvir pessoas que não se interessam pelas doutrinas da religião admitirem uma nostalgia pelos edifícios eclesiásticos: pela textura das paredes de pedra de capelas nas encostas de colinas, pelos perfis de pináculos vislumbrados através de campos ao entardecer e até

A fealdade pode danificar as nossas almas? A cidade católica (*em cima*) versus a cidade protestante (*em baixo*) de Augustus Pugin, *Contrastes* (1836).

pela pura ambição envolvida na construção de um templo para guardar um livro (judaísmo) ou um santuário para acolher um dos molares de um ser iluminado (budismo theravada). Mas estes devaneios nostálgicos são sempre abreviados por um reconhecimento relutante de que o fim da fé tem de significar, inevitavelmente, o fim da possibilidade dos templos.

Subjacente a esta suposição está a ideia implícita de que, onde já não há deuses ou divindades, não pode haver nada para celebrar – e, por isso, nada mais para realçar através da arquitetura.

Porém, se refletirmos bem, isso não implica logicamente de forma alguma que o fim da nossa crença em seres sagrados tenha de significar o fim da nossa adesão a valores ou do nosso desejo de os honrar através da arquitetura. Na ausência de deuses, ainda conservamos crenças éticas que necessitam de ser solidificadas e comemoradas. Cada uma das coisas que reverenciamos mas nos sentimos demasiadas vezes inclinados a ignorar poderia, justificadamente, merecer a criação do seu próprio «templo». Poderia haver templos à primavera e templos à bondade, templos à serenidade e templos à reflexão, templos ao perdão e templos ao autoconhecimento.

O que seria um templo sem um deus dentro dele? Ao longo da história, as religiões foram zelosas na criação de regras uniformes relativas ao aspeto dos seus edifícios. Os cristãos medievais queriam que todas as catedrais tivessem plantas cruciformes no terreno, eixos este-oeste, pias batismais nas extremidades ocidentais e naves e santuários com altares nas extremidades orientais. Até aos nossos dias, os budistas do Sudeste da Ásia compreendem que a sua energia arquitetónica não pode senão ser canalizada para a construção de estupas hemisféricas com sombrinhas e terraços deambulatórios circulares.

Porém, no caso dos templos seculares, não haveria necessidade de seguir essas leis canónicas. O único elemento comum dos templos teria de ser a sua consagração à promoção das virtudes essenciais para o bem-estar das nossas almas. No entanto, que virtudes específicas seriam honradas nos vários espaços, e como as suas ideias seriam transmitidas com sucesso, ficaria inteiramente ao critério dos seus arquitetos e patronos individuais. A prioridade seria unicamente a de definir uma nova tipologia de edifício e não desenhar exemplos concretos dele.

Não obstante, para demonstrar esta abordagem, delinearemos alguns possíveis temas para templos seculares, bem como algumas estratégias arquitetónicas para os complementar.

– *Um Templo à Perspetiva*

Tendo em conta o tempo das nossas vidas que passamos a exagerar a nossa importância e a magnitude dos insultos e reveses que sofremos em resultado disso, haveria poucas prioridades mais urgentes para uma nova arquitetura de templos do que dar resposta à nossa necessidade de perspetiva.

Parecemos incapazes de resistir a exagerar cada aspeto de nós mesmos: quanto tempo estaremos no planeta, a importância do que conseguimos, a raridade e a injustiça dos nossos fracassos profissionais, os inúmeros mal-entendidos nas nossas relações, a intensidade dos nossos sofrimentos. Individualmente, o melodrama está sempre na ordem do dia.

A arquitetura religiosa pode ter uma função crucial neste egoísmo (em última análise tão doloroso como errado), devido à sua capacidade para ajustar as impressões que temos do nosso tamanho físico – e, consequentemente, também do nosso tamanho psicológico –, brincando com dimensões, materiais, sons e fontes de iluminação. Em certas catedrais vastas em escala ou talhadas em pedras grandes e com aspeto antigo, ou noutras que são escuras, iluminadas unicamente por um feixe de luz que entra por uma abertura circular no teto alto ou cujo silêncio é quebrado apenas pelo som ocasional de água a pingar de uma grande altura para um lago fundo, podemos sentir que estamos a ser apresentados, com uma graça invulgar e cativante, a uma noção não desagradável da nossa insignificância.

É claro que «sentirmo-nos pequenos» é uma dolorosa realidade diária do recreio humano. No entanto, sentirmo-nos pequenos devido a alguma coisa poderosa, nobre, perfeita e inteligente é sermos apresentados à sabedoria com alguma dose de alegria.

As vantagens de nos sentirmos pequenos: Tadao Ando, Igreja Cristã da Luz, Ibaraki, Japão, 1989.

Há igrejas que podem levar-nos a renunciar ao nosso egoísmo sem nos sentirmos humilhados de forma alguma. Nelas podemos pôr de lado as nossas preocupações normais e concentrarmo-nos (de uma forma que nunca nos atrevemos a fazer quando estamos debaixo de fogo direto de outros seres humanos) na nossa nulidade e mediocridade. Podemos observar-nos como se estivéssemos à distância, já não ofendidos pelas feridas infligidas à nossa autoestima, sentindo-nos novamente indiferentes ao nosso eventual destino, generosos relativamente ao universo e tolerantes quanto ao seu curso.

Esses sentimentos também podem fazer-nos uma visita em edifícios não eclesiásticos: numa torre compacta e estreita com paredes de madeira chamuscada, num poço de betão que se estende cinco andares no subsolo ou numa sala cheia de pedras com as marcas fossilizadas de minúsculas amonites com conchas que viveram nas águas tropicais de Laurentia (a zona oriental da América do Norte e a Gronelândia da era moderna) durante o Período Paleozoico, cerca de 300 milhões de anos antes de o nosso primeiro antepassado reconhecível ter inteligência para se erguer sobre duas pernas ou para construir uma canoa.

Um novo Templo à Perspetiva poderia acabar por usar algumas das mesmas ideias que são exploradas em museus de ciência e observatórios. Poderia haver objetos de interesse paleontológico e geológico nas paredes, e instrumentos astronómicos nos tetos e no telhado. E, no entanto, haveria importantes distinções entre esses dois tipos de instituição ao nível da ambição. Tal como um museu de ciência, um Templo à Perspetiva teria o objetivo de nos fazer ter consciência (sempre ameaçada na vida quotidiana) da dimensão, idade e complexidade do universo, mas ao contrário de um museu de ciência não se daria ao trabalho de

Um Templo à Perspetiva cuja estrutura representaria a idade da Terra, equivalendo cada centímetro de altura a um milhão de anos. Com uma altura total de 46 metros, a torre teria na base uma minúscula tira de ouro com um milímetro de espessura, que representaria o tempo da humanidade na Terra.

fingir que o objetivo do exercício era dar-nos as bases de uma educação científica. No fim, não importaria muito se os visitantes conseguiriam dominar as diferenças entre, por exemplo, os períodos Triásico e Câmbrico, cujas explicações pormenorizadas são muitas vezes laboriosamente apresentadas por curadores de museus e, no entanto, já foram muito provavelmente esquecidas pela maior parte das pessoas quando chegam ao parque de estacionamento. No Templo à Perspetiva, a ciência seria superficialmente tratada e apresentada para suscitar temor e não para promover o conhecimento, seria usada pela sua capacidade terapêutica e de dar perspetiva e não pelo seu valor factual.

– *Um Templo à Reflexão*

Um dos desastres inesperados da era moderna é que o acesso à informação, um fenómeno recente e sem precedentes, teve como consequência a diminuição da nossa capacidade de nos concentrarmos muito no que quer que seja. O pensamento profundo e concentrado que produziu muitas das proezas mais importantes da civilização sofreu um ataque inaudito. Quase nunca estamos longe de uma máquina que nos garante uma fuga mesmerizante e libidinosa da realidade. Os sentimentos e pensamentos que omitimos enquanto olhávamos para os nossos ecrãs vingam-se em rebates de consciência involuntários e na nossa capacidade cada vez menor de adormecer quando devíamos.

Como somos atraídos na arquitetura para estilos que parecem possuir algumas das qualidades que nos faltam, não admira que sejamos rapidamente seduzidos por espaços que estão purificados e livres de distração, e nos quais os estímulos foram reduzidos ao mínimo – lugares, talvez, onde a paisagem foi cuidadosamente emoldurada para incluir algumas rochas, ou os ramos de uma árvore, ou um pedaço de céu, onde as paredes são sólidas, os materiais duradouros e o único som que se ouve é o do vento ou o de água a correr.

Um Templo à Reflexão conferiria estrutura e legitimidade a momentos de solidão. Seria um espaço simples e ofereceria aos visitantes pouco mais que um ou dois bancos, uma paisagem e uma sugestão de que deviam começar a analisar alguns dos temas perturbadores que foram suprimidos pela sua atividade normal.

Existe uma relação diabolicamente direta entre a importância de uma ideia e como ficamos nervosos perante a perspetiva de ter de pensar nela. Podemos ter a certeza de que temos alguma coisa

Arquitetura 259

Só na era do Blackberry é que um grande número de pessoas pode sentir finalmente porque é que os mosteiros foram inventados: Igreja de Gougane Barra, condado de Cork, Irlanda, 1879.

Um lugar para esperar as revelações tímidas e elusivas: um Templo à Reflexão.

especialmente crucial para fazer quando a noção de estarmos sós se torna insuportável. Por este motivo, as religiões recomendaram sempre de uma forma convincente que os seus seguidores cumprissem momentos de solidão, por muito desconfortáveis que se sentissem no começo. Um Templo à Reflexão dos tempos modernos seguiria esta filosofia, criando condições idealmente tranquilizadoras para a contemplação, permitindo-nos esperar por essas raras revelações de que depende o curso bem-sucedido da nossa vida, mas que, em geral, só passam pelas nossas mentes distraídas ocasionalmente e de forma caprichosa como um cauteloso veado.

– *Um Templo ao* Genius Loci

Uma das características mais intrigantes da religião do Império Romano foi que ela não só estipulava a adoração de deuses cosmopolitas como Juno e Marte (cujos templos podiam ser encontrados em todo o império, desde a Muralha de Adriano até às margens do Eufrates), mas também admitia a adoração a uma panóplia de divindades locais, cujas personalidades refletiam o caráter, quer topográfico quer cultural, das suas regiões nativas. Estes espíritos protetores, conhecidos como *«genii locorum»*, receberam templos e as suas reputações de poderem curar uma série de padecimentos da mente e do corpo foram crescendo – o que por vezes atraía viajantes vindos de muito longe. Pensava-se, por exemplo, que os espíritos do litoral a sul de Nápoles eram especialmente benéficos para a diminuição da melancolia, ao passo que o *genius loci* de Colonia Iulia Equestris (atual Nyon, na margem do lago Lemano) teria um talento especial para consolar as pessoas oprimidas pelas vicissitudes da vida comercial e política.

Como tantas outras coisas que parecem sensatas na religião romana, a tradição do *genius loci* foi absorvida pelo cristianismo, que fez associações comparáveis entre localidades específicas e os seus poderes curativos, embora tenha optado por falar em santuários em vez de templos, e de santos em vez de espíritos. O mapa da Europa medieval estava salpicado de locais sagrados, muitos dos quais foram construídos sobre fundações romanas e prometiam conceder aos fiéis alívio dos seus males físicos e mentais através do contacto com várias partes do corpo de santos cristãos mortos.

Crentes com dolorosos problemas de dentes, por exemplo, sabiam que deviam viajar até à Basílica de San Lorenzo em Roma,

Arquitetura 263

Mapa de peregrinação da Europa medieval

- *Altötting, Alemanha*
  Afastar a Peste (Virgem Maria)
- *Bad Münstereifel, Alemanha*
  Medos Excessivos de Relâmpagos (São Donato)
- *Barrios de Colina, Espanha*
  Infertilidade (San Juan de Ortega)
- *Buxton, Inglaterra*
  Curas Milagrosas (Santa Ana)
- *Chartres, França*
  Dores Intensas (Santo António)
- *Conques, França*
  Soldados antes de Uma Batalha (Santa Foy)
- *Dubrovnik, Croácia*
  Problemas de Garganta (São Brás)
- *Hereford, Inglaterra*
  Paralisia (Santo Etelberto)
- *Larchant, França*
  Loucura (São Mathurin)
- *Lourdes, França*
  Curas Milagrosas (Santa Bernadete)
- *Morcombelake, Inglaterra*
  Inflamações dos Olhos (Santa Wite)
- *Pádua, Itália*
  Coisas Perdidas (Santo António de Pádua)
- *Roma, Itália; Basílica de San Lorenzo*
  Dores de Dentes (Santa Apolónia)
- *Spoleto, Itália*
  Mulheres Infelizes no Casamento (Santa Rita de Cássia)
- *Castelo de Windsor (Capela Real), Inglaterra*
  Dores de Cabeça («Bom Rei Henrique [VI]»)

A seriedade espiritual subjacente à indústria das lembranças: um amuleto do século XIV do santuário de Thomas Becket, na Cantuária.

onde poderiam tocar nos ossos dos braços de Santa Apolónia, a santa padroeira dos dentes. As mulheres que eram infelizes no casamento iam a Úmbria visitar o santuário de Santa Rita de Cássia, padroeira dos problemas conjugais. Soldados que quisessem ganhar coragem antes de uma batalha podiam estar em comunhão com os ossos de Santa Foy, guardados num relicário revestido a ouro na Abadia-Igreja de Conques, no Sudoeste da França. As mulheres que tinham dificuldades para amamentar podiam encontrar consolo no Santuário do Leite Sagrado em Chartres. E as pessoas que sofriam de fobia a relâmpagos deviam ir à cidade alemã de Bad Münstereifel, onde poderiam pousar as mãos nas relíquias de São Donato, famoso por aliviar medos de fogo e explosões.

Ao chegarem ao santuário adequado, os peregrinos dirigiam-se em primeiro lugar às lojas das redondezas que vendiam modelos em cera das partes de si mesmos que tinham problemas, desde pernas, orelhas e seios, até pénis e mesmo almas inteiras (sob a forma de bebés). Depois de entrarem nos santuários, colocavam as suas efígies em altares, túmulos ou caixões, ajoelhavam-se para rezar e imploravam ajuda aos espíritos dos santos.

Em seguida, os peregrinos dirigiam-se para as tendas das lembranças. Depois da declaração feita pelo teólogo do século IV Cirilo de Jerusalém de que os lenços de mão que entravam em contacto com os corpos dos mártires possuíam para sempre um poder sobrenatural, essas tendas começaram a vender uma grande quantidade de lenços de linho. Também tinham pequenos frascos de vidro com pó do chão que rodeava os túmulos dos santos, a que podia recorrer-se para pedir auxílio em momentos de aflição. Um monge beneditino chamado Guibert de Nogent contou uma vez que um amigo que tinha engolido acidentalmente um sapo e quase sufocara até à morte fora salvo por uma colher de chá de pó do túmulo de São Marcelo, bispo de Paris. Mais comum, os visitantes eram convidados a adquirir amuletos, em chumbo, muito bem esculpidos com o rosto do santo cujas relíquias tinham ido ver. Dizia-se de Luís XI de França, que tinha visitado todos os santuários conhecidos do seu país, que o seu chapéu estava «cheio de imagens que ele beijava sempre que recebia uma notícia boa ou má».

Muito embora hoje em dia poucas pessoas estejam dispostas a percorrer a pé cem quilómetros para procurar ajuda contra o medo de relâmpagos, viajar continua no centro de muitas ideias seculares de realização. As nossas viagens conservam um papel de cimentação de importantes transições interiores. Apesar de lhes chamarmos enriquecedores em vez de sagrados, existem alguns lugares que, em virtude da sua distância, solidão, beleza ou riqueza cultural têm a capacidade de regenerar as partes de nós que estão feridas.

Infelizmente, falta-nos um mecanismo ou método fiável para identificar esses locais raros e curativos. Aqui, de novo, como tantas vezes quando estão em causa as nossas necessidades emocionais no mundo secular, falta-nos a estrutura que nos foi em tempos proporcionada pelas religiões. Os agentes de viagens consideram-se responsáveis apenas pela resolução das questões logísticas – reservar voos de ligação, negociar descontos em bilhetes de avião e quartos de hotel – e esforçam-se pouco por ajudar os clientes a descobrir destinos que possam trazer um benefício concreto aos seus eus interiores. Precisamos de agentes de viagens psicanaliticamente astutos, que consigam analisar com cuidado os nossos anseios e propor-nos destinos que tenham o poder de nos curar – agentes que organizem viagens para nos ligarmos às qualidades que admiramos mas que não estamos a gerar em quantidades suficientes em casa.

Além disso, sofremos de uma falta de santuários. Depois de chegarmos ao nosso destino, raramente sabemos o que fazer. Deambulamos em busca de um centro. Ansiamos por um sinal plausível de significado, por um sítio *qualquer* onde possamos tocar a essência do *genius loci*, mas, na ausência de alternativas, costumamos acabar por visitar apaticamente um museu, envergonhados com a força do nosso desejo de voltarmos para o hotel e nos deitarmos.

Como as nossas viagens seriam mais terapêuticas se pudessem incluir uma visita a um santuário ou templo secular local, uma obra de arquitetura que definiria e concentraria as qualidades do espaço que a rodeia! No interior, poderíamos depositar versões em cera das nossas ansiedades e imaturidades, tentando dessa forma formalizar o objetivo da nossa viagem – enquanto no exterior, numa fila de pequenos espaços comerciais, artistas talentosos venderiam lembranças inspiradoras dos poderes de transformação dos seus cenários.

Um santuário deste tipo poderia ser dedicado à energia de uma capital, outro à calma purificadora da tundra deserta, um terceiro às promessas do sol tropical. Esses templos albergariam *genii locorum* de outra forma elusivos e, juntos, ensinar-nos-iam a ver as viagens como um meio de cura existencial, em vez de apenas como uma fonte de diversão e descontração.

4.
Não há necessidade de catalogar aqui todos os temas que uma nova geração de templos poderia abarcar. No fundo, há espaço no mundo para tantos tipos diferentes de templos quantas as variedades de necessidade.

Uma agência de viagens psicoterapêutica alinharia os distúrbios mentais com as partes do planeta mais aptas a aliviá-los.

O que interessa é defender que deveríamos recuperar e continuar os objetivos fundamentais da arquitetura religiosa, expressando-os através de templos seculares criados para promover emoções importantes e temas abstratos, em vez de através de santuários sagrados dedicados a divindades encarnadas.

Não menos que os pináculos das igrejas nos quadros que representam cidades cristãs medievais, estes templos funcionariam como lembretes das nossas esperanças. Variariam em termos de estilo, dimensões e formatos – poderiam ser desde cabanas a hangares, ser feitos de pneus reciclados ou tijolos de ouro, estar pendurados nas paredes de prédios de escritórios ou enterrados em grutas iluminadas debaixo das ruas –, mas todos estariam ligados pela aspiração antiga da arquitetura sagrada: colocar-nos durante algum tempo num espaço tridimensional cuidadosamente estruturado para reeducar e reequilibrar as nossas almas.

X

Instituições

i. Livros vs. Instituições

1.

Quando céticos e ateus começaram a atacar a religião no final do século XVIII, fizeram-no acima de tudo através de livros. Questionaram por escrito se um homem morto poderia realmente empurrar uma pedra tumular e subir sem ajuda para a atmosfera superior, se uma jovem poderia ser imaculadamente fecundada por uma divindade, se se poderiam vencer batalhas com a intervenção de anjos ou curarem-se dores de ouvidos graças ao contacto com o osso da canela de um santo martirizado (Cornélio). E tenderam a concluir os seus argumentos com o desejo de que chegasse o dia em que a humanidade substituiria as suas superstições por ideias com base racional, do tipo que admiravam em obras de ciência, filosofia, literatura e poesia.

Apesar de se terem revelado críticos causticamente interessantes das fés, esses céticos não conseguiram reconhecer a diferença fundamental entre si próprios e os seus inimigos: estes últimos não se baseavam essencialmente na publicação de *livros* para alcançar o impacto que alcançavam. Usavam *instituições*, mobilizando enormes aglomerações de pessoas para agirem concertadamente no mundo através de obras de arte, edifícios, escolas, uniformes, logotipos, rituais, monumentos e calendários.

Muito embora expor ideias em livros que poderão vender desde 200 exemplares até 200 000, na melhor das hipóteses, possa parecer uma ambição bastante nobre, o meio em si tem um alcance desencorajantemente pequeno em comparação com a vasta influência que as instituições podem ter no desenvolvimento e na perpetuação de atitudes e comportamentos. No seu

A República, Platão transmitiu uma compreensão tocante (nascida da experiência) dos limites do intelectual solitário, quando comentou que o mundo não estaria bem enquanto os filósofos não fossem reis, ou os reis filósofos. Por outras palavras, escrever livros não é suficiente se a pessoa quiser mudar as coisas. Os pensadores têm de aprender a dominar o poder das instituições para que as suas ideias tenham alguma hipótese de ter uma influência penetrante no mundo.

Porém, infelizmente, alguns intelectuais seculares sofreram durante muito tempo de uma desconfiança temperamental das instituições, enraizada na visão romântica do mundo que coloriu a vida cultural desde o século XIX. O romantismo ensinou-nos a troçar do peso e das restrições próprias das instituições, das suas tendências para a corrupção e da sua tolerância à mediocridade. O ideal do intelectual tem sido o de um espírito livre a viver para lá das limitações de qualquer sistema, desdenhando o dinheiro, alheado das questões práticas e intimamente orgulhoso de ser incapaz de ler um balancete.

Se as vidas interiores das pessoas continuam a ser ainda hoje mais provavelmente influenciadas pelos profetas bíblicos do que por pensadores seculares, isso deve-se em grande medida ao facto de estes últimos terem sido consistentemente relutantes em criar estruturas institucionais através das quais as suas ideias relacionadas com a alma pudessem ser disseminadas com êxito entre um público mais vasto. As pessoas que estão interessadas em abordar as carências da alma secular não têm tipicamente dimensão, condições estáveis de emprego e capacidade para divulgarem as suas opiniões nos órgãos de informação. Em vez disso, os precários praticantes individuais dirigem o que são efetivamente empresas sem dimensão, enquanto as religiões organizadas impregnam a nossa consciência com todo o poder e sofisticação que estão à disposição do poder institucional.

É claro que o mundo moderno não está desprovido de instituições. Está repleto de empresas comerciais com uma dimensão incomparável e um número intrigante de características de organização em comum com as religiões. Mas essas empresas concentram-se apenas nas nossas necessidades exteriores, físicas, em vender-nos carros e sapatos, *pizzas* e telefones. A grande diferença da religião é que, apesar de ter um poder coletivo comparável ao das empresas modernas que vendem sabonete e puré de batata, aborda precisamente as necessidades interiores que o mundo secular deixa para indivíduos desorganizados e vulneráveis.

Assim, o desafio é criar – através de um estudo das instituições religiosas – entidades seculares que possam ir ao encontro das necessidades do eu interior com toda a força e habilidade que as empresas aplicam atualmente à satisfação das necessidades do eu exterior.

2.

Entre as lições fundamentais das religiões enquanto instituições, estão a importância da dimensão e os benefícios inerentes à capacidade de agregar devidamente dinheiro, inteligência e estatuto.

Enquanto o romantismo glorifica as proezas de heróis singulares, as religiões sabem que muitas coisas serão impossíveis se os indivíduos agirem sozinhos. Fora de uma organização, conseguiremos de vez em quando garantir um breve momento de fama para nós mesmos, mas nunca conseguiremos proporcionar uma base estável às nossas proezas, replicar consistentemente os nossos conhecimentos ou superar as nossas fraquezas. A autoria

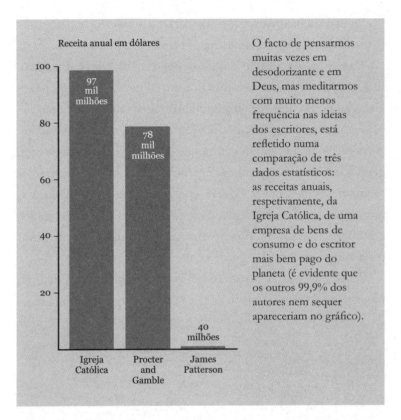

única não pode ser, a longo prazo, uma resposta lógica para resolver as complexidades de questões importantes. Deveríamos perguntar porque é que, nas questões da alma, continuamos a acreditar em métodos enclausurados e solitários que repudiámos há muito tempo em relação ao fabrico de fármacos e aviões.

Depois, há a questão da receita. As instituições poupam aos seus membros as humilhações e terrores do comerciante solitário. A sua capacidade de reunir capital, distribuí-lo entre projetos e deixá-lo acumular-se durante décadas permite-lhes sobreviverem aos anos de vacas magras e fazerem investimentos adequados em investigação, *marketing*, recrutamento e tecnologia.

Digam o que disserem as democracias modernas sobre o seu compromisso com a liberdade de expressão e com a diversidade de opinião, os valores de uma dada sociedade equivalerão sinistramente aos valores das organizações que têm dimensão para pagar sequências de anúncios de 30 segundos durante o noticiário da noite.

A dimensão tem um impacto semelhante no recrutamento. As instituições ricas podem atrair os melhores membros de uma geração, em vez de apenas os cegamente dedicados ou os irracionalmente empenhados. Podem apelar ao grande e psicologicamente saudável grupo de candidatos que estão tão interessados em conquistar estima e conforto material como em melhorar toda a humanidade.

Consideremos as carreiras de Tomás de Aquino e Friedrich Nietzsche. Algumas das diferenças entre os seus destinos resu-

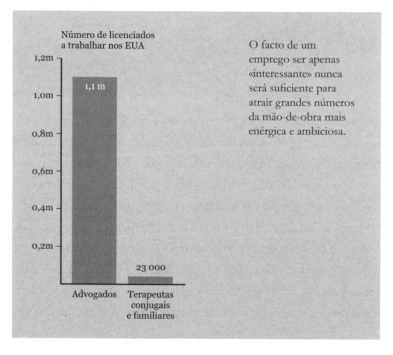

mem-se à relativa estabilidade mental dos dois homens, mas uma grande parte da equanimidade de Aquino também tem de ser atribuída à benevolente atmosfera espiritual e material de que beneficiou, primeiro na Universidade de Paris, onde foi professor regente, e depois no colégio teológico que ajudou a fundar em Nápoles. Em contraste, Nietzsche sentia que vivia (nas suas próprias palavras) «como um animal selvagem expulso de todos os covis». O seu projeto de vida – substituir a moral cristã por uma ideologia secular que se desenvolveria à volta da filosofia, da música e da arte – não foi bem recebido no mundo académico alemão, obrigando o filósofo a um exílio nómada. Muito embora Nietzsche seja frequentemente celebrado como um exemplo supremo do individualismo heroico, na verdade o filósofo teria gostado, acima de tudo, de trocar o seu isolamento por um estabelecimento de ensino que pudesse ter conferido maior peso às suas ideias no mundo.

As instituições têm o benefício acrescido de poderem oferecer uma posição permanente a indivíduos simplesmente por estes pertencerem a elas, evitando que tenham de a conquistar sozinhos, vezes sem conta, ano após ano. Um pensador solitário pode estar perto do fim da sua vida – ou até, como Nietzsche, estar morto há muito tempo – quando o público repara que uma pessoa à margem do sistema empresarial teve uma boa ideia. Dentro de uma instituição, todos os membros beneficiam de uma reputação conquistada por antepassados ilustres e reforçada por edifícios elegantes e complexos processos burocráticos. Podem adotar um título antigo – padre ou arcediago, professor ou ministro – e usar, para fins genuínos, os recursos e a glória de uma estrutura que é maior e mais duradoura que eles próprios.

Muitos defenderiam indubitavelmente que a sociedade moderna já deve ter todas as instituições de que necessita. Todavia, na prática, aqueles que se sentem atraídos por aquilo a que o catolicismo chamou *cura animarum*, «cura das almas», mas se sentem incapazes de efetuar esse cuidado através de formas religiosas, têm uma tendência maior para acabar comprometidos por falta de uma rede coerente de colegas, um rendimento tolerável e uma estrutura profissional digna para trabalhar. O facto de que ainda seria difícil, nos nossos dias, atribuir um lar profissional a Nietzsche é um bom exemplo de como o problema está tão profundamente enraizado.

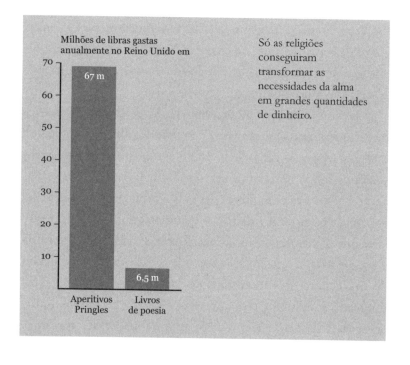

Só as religiões conseguiram transformar as necessidades da alma em grandes quantidades de dinheiro.

3.

Outra característica útil das instituições é a sua capacidade de coalescer os esforços dos seus membros através de um vocabulário visual partilhado. Aqui de novo, as estratégias das empresas religiosas e comerciais sobrepõem-se. Apesar de a visão de uma cruz estampada num dos lados de um edifício eclesiástico ou um cordeiro bordado numa toalha de altar suscitar frequentemente a observação de que o cristianismo foi um utilizador prematuro e hábil do mesmo tipo de «marcas» em que as nossas empresas modernas são especializadas, é claro que a verdade é precisamente o oposto: foram as empresas que adotaram fielmente as lições de identidade descobertas pelas religiões.

A função mais importante de uma marca é promover consistência. As instituições confiam em que a aparência do seu logotipo, quer numa encosta recôndita quer no topo de um arranha-céus, num lençol ou numa capa, transmitirá instantaneamente a presença sólida de um determinado conjunto de valores e funcionará como uma promessa de uniformidade e qualidade.

O inimigo das marcas é a variação local. Também aqui sentimos alguma tensão entre valores românticos e institucionais, pois, enquanto o romantismo aprecia os encantos do particular e do regional, do que é caseiro e espontâneo, as instituições não podem esquecer os riscos das iniciativas provinciais. Em vez de melhorias comoventes nas regras instituídas pelo centro, elas veem apenas desvios deprimentes dos padrões mínimos. Associam-nas a corrupção, preguiça, degeneração e ao abandono das ambições iniciais. Para acabar com as excentricidades, o manual de treino dos novos funcionários da McDonald's Corporation tem 300 páginas, com instruções para todas as ações e transações imagináveis: há regras para a colocação do crachá com o nome

do empregado, para o tipo de sorriso com que cada cliente deve ser recebido e para a quantidade exata de maionese que deve ser acrescentada no interior de cada pão. A empresa de hambúrgueres tem pouca fé no que os seus funcionários farão sem supervisão.

Nisto, pelo menos, a McDonald's tem muito em comum com a Igreja Católica, que passou igualmente uma grande parte da sua história a lutar para conseguir uma regularidade de serviço entre uma mão de obra vasta e dispersa. Vistos coletivamente, os seus éditos – que especificam pormenores que vão até ao tipo de vinho que deve ser usado na Sagrada Comunhão e de que cor devem ser os sapatos dos padres – indicam uma preocupação extrema com os padrões dos seus ramos periféricos. Na sequência do Quarto Concílio de Latrão, convocado pelo papa Inocente III em 1213, a Igreja decretou (com evidente irritação pela frequência com que até essas regras básicas estavam a ser quebradas) que «os clérigos não assistirão a espetáculos de mimos, artistas ou atores. Não frequentarão tabernas exceto em caso de necessidade, nomeadamente em viagem. Estão proibidos de jogar dados ou jogos de azar ou estar presentes enquanto estes jogos estejam a ser jogados». E, para o caso de alguns se sentirem tentados a serem criativos nos penteados, foi acrescentado que «devem ter sempre a coroa rapada e tonsura».

Por muito opressivos que esses éditos possam ter sido, ajudaram a estabelecer e reforçar os padrões consistentes do ritual e desempenho que os fiéis esperavam da Igreja e que, por sua vez, todos nós passámos a esperar das empresas.

Uma das características lamentáveis do mundo moderno é que, apesar de algumas das nossas necessidades mais triviais (champô e hidratantes, por exemplo, bem como molho para massas e óculos de sol) serem supridas por marcas superlativamente

As vantagens de um tratamento institucional das necessidades da alma: o padre Chris Vipers escuta uma confissão na Igreja de São Lourenço, Feltham, Inglaterra, 2010.

geridas, as nossas necessidades essenciais sejam deixadas ao cuidado desorganizado e imprevisível de atores solitários. Para uma ilustração eloquente dos efeitos práticos das marcas e do controlo de qualidade que as acompanha geralmente, só precisamos de comparar o campo fragmentado e extremamente variável da psicoterapia com o ritual elegantemente cumprido da confissão na fé católica. A confissão, bem regimentada em todos os pormenores desde o fim do século XIV graças a uma série de éditos papais e manuais emitidos pelo Vaticano, é um epítome do tipo de indústria de serviços global fiável que só se tornaria norma para os bens de consumo em meados do século XX. Tudo, desde o posicionamento do confessionário ao tom de voz usado pelo padre, é ditado por regras específicas, destinadas a garantir a todos os católicos desde Melbourne até Anchorage que as suas expectativas de um exame redentor das suas almas não serão goradas. Estas condições não se aplicam ao nosso equivalente secular mais próximo. A psicoterapia, tal como é praticada atualmente, não tem consistência em termos de local nem quaisquer modelos para pormenores aparentemente pequenos mas, no entanto, cruciais como a linguagem da mensagem no atendedor de chamadas do terapeuta, o seu código de vestuário e a aparência do consultório. Os pacientes têm de suportar uma série de caprichos locais, desde encontros com os animais de estimação ou filhos dos profissionais até canalizações ruidosas e muitas bugigangas.

4.
Depois de definirem com sucesso a sua identidade, muitas empresas começaram a dedicar-se ao que os escritores de *marketing* se referem como «extensão de marca», o processo através do qual

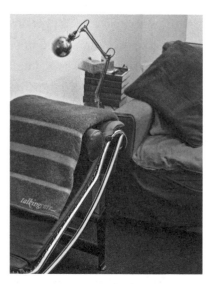

Cadeia imaginada de psicoterapeutas. Porque é que só os telefones e os champôs podem beneficiar de identidades visuais coerentes?

uma empresa reverenciada pela sua abordagem num setor comercial transfere os seus valores para outro setor. Empresas que começaram por fabricar fatos, por exemplo, perceberam que os seus valores podiam ser aplicados com igual eficácia na conceção de cintos e óculos de sol, e a partir daí foi apenas dar um pequeno passo para imaginar a entrada na área do mobiliário e, posteriormente, restaurantes, apartamentos e, por fim, estâncias de férias. Essas empresas reconheceram inteligentemente que a fidelidade dos seus clientes é dirigida a um etos e não a um único produto, e que a beleza e a excelência que começaram por ser distinguidas numa gravata poderiam estar não menos presentes na perna de uma cadeira, num prato principal ou numa espreguiçadeira.

Porém, até à data, uma inércia e uma modéstia desnecessárias impediram que as empresas modernas mais vigorosas estendessem as suas marcas a toda a gama das necessidades humanas e, mais convincentemente para os objetivos da atual discussão, aplicassem os seus conhecimentos no vértice da famosa pirâmide de necessidades de Maslow. Em vez disso, as empresas optaram por se estabelecerem na base dessa pirâmide, fazendo pequenos melhoramentos em serviços e produtos destinados a ajudar-nos a dormir e comer, a estarmos seguros ou a movimentarmo-nos enquanto deixam sem direção o nosso desejo de autoatualização, aprendizagem, amor e crescimento interior. É um fracasso de proporções históricas, por exemplo, que a preocupação da BMW com rigor e precisão tenha terminado tão conclusivamente nos para-choques dos seus carros e não se estenda à criação de uma escola ou de um partido político, ou que a empresa epónima de Giorgio Armani tenha contornado determinadamente a possibilidade de organizar uma unidade de terapia ou um colégio de artes liberais.

De igual e tão lamentável modo, os movimentos intelectuais têm-se esquivado às tentativas de extensão de marca. Não conseguiram imaginar que as suas ideias poderiam gerar serviços e produtos complementares e análogos no reino material, e tornar-se mais preciosos para nós por terem equivalentes físicos.

O que torna as religiões tão características é o facto de se terem atrevido a impor identidades de marca coerentes numa vasta gama de áreas, desde a estritamente intelectual e teológica até à estética, vestuário e culinária. O cristianismo, o judaísmo e o budismo conseguiram relacionar ideias mais vastas sobre a salvação da humanidade com atividades materiais subordinadas, como a gestão de retiros de fim de semana, estações de rádio, restaurantes, museus, salas de conferências e marcas de roupa.

Como somos criaturas que encarnaram – animais sensoriais e seres racionais –, só estamos sujeitos a ser duradouramente influenciados por conceitos quando estes chegam até nós através de uma série de canais. Como apenas as religiões parecem perceber bem, não podemos ser devidamente marcados por ideias a menos que, para além de nos serem transmitidas por livros, palestras e jornais, elas também sejam repetidas no que ouvimos, comemos, cantamos, no que usamos para decorar as nossas casas e para tomar banho.

5.

Uma maneira de descrever as atividades de empresas e religiões é pensar que são como formas de comodificação – o processo através do qual artigos disponíveis ao acaso e indefinidos são transformados em produtos com nome, reconhecíveis, gerados em grande quantidade e bem apresentados.

Extensão de marca: o senhor Giorgio Armani e o senhor Mohamed Alabbar, presidente da Emaar Properties, na inauguração do Armani Hotel Dubai, março de 2010.

Conhecemos bem este processo tal como é realizado por empresas que negoceiam coisas materiais: vezes sem conta, as empresas percorreram o globo em busca de produtos de consumo anteriormente escassos e regularizaram o fornecimento de chá e paprica, kiwis e papaia, água gaseificada e óleo de jojoba. As religiões demonstraram capacidades comparáveis no reino espiritual, conseguindo, através do recurso ao ritual, salvar momentos e sentimentos que noutras circunstâncias poderiam ter sido ignorados ou esquecidos, mas que, em vez disso – graças a uma versão religiosa da comodificação –, obtiveram nomes nobilitantes e datas marcadas em calendários.

Quase todos nós já olhámos para o céu noturno em setembro, quando o alinhamento dos planetas faz a Lua cheia parecer especialmente luminosa e próxima. Talvez tenhamos pensado fugazmente na sua majestade e no desafio que coloca à nossa perspetiva normal centrada na Terra. Mas é improvável que aqueles de nós que não são astrónomos nem astronautas tenham aprofundado a observação lunar de alguma forma, ou pensado nela para além de dois minutos de contemplação.

Porém, para os budistas *zen* no Japão, o ritual conhecido como *tsukimi* comodificou totalmente a observação da Lua. Todos os anos, no décimo quinto dia da oitava Lua do calendário lunissolar tradicional japonês, os seguidores reúnem-se ao anoitecer à volta de plataformas de observação construídas com um formato cónico, onde durante várias horas são lidas orações em voz alta que usam a Lua como trampolim para reflexões sobre ideias *zen* da impermanência. Acendem-se velas e preparam-se bolos de arroz chamados *tsukimi dango*, que são depois partilhados com desconhecidos numa atmosfera ao mesmo tempo sociável e serena. Um sentimento é, assim, apoiado por uma cerimónia, pela

Instituições 289

Encontros agendados para contemplar a Lua: uma plataforma de observação usada para celebrações *tsukimi*, Casa Imperial Kasura, Quioto.

arquitetura, por boa companhia e comida – tornando-se, portanto, um lugar seguro na vida de todos os budistas *zen* japoneses.

As religiões dão dimensão, consistência e significado social a momentos que de outra forma seriam privados, sempre pequenos e fortuitos. Dão substância às nossas dimensões interiores – precisamente aquelas partes de nós que o romantismo prefere deixar desreguladas com receio de prejudicar as nossas hipóteses de autenticidade. Não se limitam a relegar os nossos sentimentos para livros de poesia ou ensaios, sabendo que no fundo os livros são objetos silenciados num mundo ruidoso. Na primavera, o judaísmo apodera-se de nós com uma força que Wordsworth ou Keats nunca usaram: quando as árvores começam a florir, é dito aos fiéis que se reúnam na rua com um rabino e recitem juntos a *birkat ilanot*, uma oração ritual do Talmude em honra da mão que causou o florescimento:

> Abençoado seja o Senhor nosso Deus, Rei do Universo,
> Que não deixou que uma única coisa faltasse no Seu mundo,
> Enchendo-o com as melhores criaturas e árvores,
> Para dar prazer a toda a humanidade.
> (Talmude, Berakhot, 33:2)

Precisamos que as instituições alimentem e protejam as emoções para as quais estamos sinceramente inclinados mas para as quais, sem uma estrutura de apoio e um sistema ativo de lembranças, estaremos demasiado distraídos e indisciplinados para arranjar tempo.

O mundo secular romântico vê na comodificação apenas perda de diversidade, qualidade e espontaneidade. Mas, no seu melhor, o processo permite que aspetos frágeis, raros mas importantes da existência sejam mais facilmente identificados e mais

Instituições 291

Apesar de o mundo moderno nos encorajar a sentirmos as coisas espontaneamente e ao nosso ritmo, as religiões são mais sábias, ao colocarem datas nas nossas agendas: aqui, o festival judeu do Birkat Ilanot.

fiavelmente partilhados. Mesmo aqueles de nós que não têm crenças religiosas ou sobrenaturais necessitam de encontros regulares ritualizados com conceitos como a amizade, a comunidade, a gratidão e a transcendência. Não podemos confiar que conseguiremos chegar até eles sozinhos. Necessitamos de instituições que possam recordar-nos de que precisamos deles e no-los apresentem em embrulhos atraentes – garantindo assim o alimento dos lados mais esquecidos e distraídos das nossas almas.

6.
A esperança de Platão de que os filósofos fossem reis, e os reis, filósofos, seria parcialmente realizada muitas centenas de anos depois de ele ter expressado a ideia n' *A República*, quando em 313, graças aos esforços do imperador Constantino, Jesus ocupou o seu lugar à frente de uma gigantesca Igreja cristã patrocinada pelo Estado e se tornou desse modo o primeiro líder quase-filosófico a conseguir propagar as suas crenças com apoio institucional. Pode encontrar-se uma combinação semelhante de poder e pensamento em todas as grandes religiões, alianças que podemos admirar e com as quais podemos aprender sem subscrevermos necessariamente qualquer uma das suas ideologias. A questão que enfrentamos agora é como aliar as muitas boas ideias atualmente adormecidas nos recessos da vida intelectual às ferramentas estruturais, muitas das quais de origem religiosa, que têm a melhor hipótese de lhes dar o merecido impacto no mundo.

ii. Auguste Comte

1.

Este livro não é o primeiro a tentar conciliar uma antipatia pelo lado sobrenatural da religião com uma admiração por algumas das suas ideias e práticas; também não é o primeiro a interessar-se por um efeito prático e não meramente teórico. Dos muitos esforços nesta linha, o mais determinado foi empreendido pelo visionário, excêntrico e apenas intermitentemente são de espírito sociólogo francês Auguste Comte.

As ideias de Comte surgiram de uma observação caracteristicamente rude de que no mundo moderno, graças às descobertas da ciência, já não seria possível uma pessoa inteligente acreditar em Deus. Doravante, a fé estaria limitada aos incultos, aos fanáticos, às crianças e às pessoas que estavam em fases finais de doenças incuráveis. Ao mesmo tempo, Comte reconheceu, quando muitos dos seus contemporâneos foram incapazes de o fazer, que uma sociedade secular dedicada apenas à acumulação de riqueza, descoberta científica, diversão popular e amor romântico – uma sociedade sem quaisquer fontes de instrução ética, consolo, temor transcendente ou solidariedade – seria vítima de doenças sociais insustentáveis.

A solução proposta por Comte não foi, nem manter-se cegamente fiel às tradições sagradas, nem pô-las coletiva e beligerantemente de parte, mas antes identificar os seus aspetos mais relevantes e racionais e pô-los em prática. O programa resultante, a consequência de décadas de pensamento e o auge da realização intelectual de Comte, foi uma nova religião, uma religião para ateus ou, como Comte lhe chamou, uma Religião da Humanidade, um credo original expressamente criado para as necessidades emocionais e intelectuais específicas do homem moderno e não para as necessidades dos habitantes da Judeia no dealbar da era cristã ou do Norte da Índia quatro séculos antes disso.

Comte apresentou esta nova religião em dois volumes, *Exposição Sumária da Religião Universal* e *Teoria do Futuro do Homem*. Comte estava convencido de que a humanidade ainda vivia o princípio da sua história e que todos os tipos de inovação – por muito arrojados e rebuscados que pudessem parecer inicialmente – eram possíveis no campo religioso, tal como no campo científico. Não havia necessidade de as pessoas se manterem leais a crenças que datavam de um tempo em que os seres humanos quase não sabiam usar uma roda, e muito menos construir uma máquina a vapor. Como Comte referiu, ninguém decidido a iniciar uma nova religião a partir do nada na era moderna sonharia em propor alguma coisa tão encanecida e improvável como os rituais e preceitos que nos foram legados pelos nossos antepassados. Afirmou que a época em que vivia lhe dava uma oportunidade histórica de suprimir os disparates do passado e criar uma nova versão da religião que poderia ser adotada porque era apelativa e útil, em vez de ficar preso à religião antiga porque ela induzia medo e se apresentava a si mesma como o único passaporte para uma vida melhor.

Comte foi um historiador entusiasta das fés e a sua nova religião acabou por ser vastamente composta por algumas das melhores partes das religiões antigas. Inspirou-se essencialmente no catolicismo, cuja maioria das crenças considerava aberrantes, mas que estavam, no entanto, cheias de revelações preciosas sobre moral, arte e ritual – e também fez incursões na teologia do judaísmo, do budismo e do islão.

Comte procurou, acima de tudo o resto, corrigir os perigos a que sentia que os ateus modernos estavam expostos. Acreditava

Em vez de nos queixarmos dos defeitos das religiões existentes, por vezes pode ser preferível inventarmos uma nova: Auguste Comte, 1798-1857.

que o capitalismo tinha agravado os impulsos competitivos e individualistas das pessoas e as distanciara das suas comunidades, das suas tradições e do seu gosto pela natureza. Criticou os órgãos de informação emergentes por endurecerem as sensibilidades e cortarem as hipóteses de autorreflexão, isolamento e pensamento original. Ao mesmo tempo, culpou o culto do romantismo por pressionar demasiado a família convencional e por promover uma falsa compreensão egoísta do amor. Lamentou a forma arbitrária como, logo que sentiam que já não podiam considerar Jesus um ser divino, as pessoas também tinham de renunciar a toda a sabedoria promulgada pelo cristianismo. Comte começou por esperar que as escolas e universidades seculares pudessem tornar-se as novas educadoras da alma, transmitindo lições éticas e não meras informações aos seus alunos, mas acabou por perceber que o capitalismo acabaria por preferir sempre uma mão de obra especializada, obediente e não introspetiva a uma mão de obra curiosa e emocionalmente equilibrada.

O plano global de Comte para a sua religião começou com a ideia de um enorme sacerdócio novo, que empregaria 100 000 pessoas só em França. Apesar do título partilhado, esses padres seriam muito diferentes dos da Igreja Católica: seriam casados, bem integrados na comunidade e totalmente seculares, combinando as competências dos filósofos, dos escritores e do que poderíamos agora chamar psicoterapeutas. A sua missão era estimular o potencial para a felicidade e o sentido moral dos seus concidadãos. Teriam conversas terapêuticas com as pessoas atormentadas por problemas no emprego ou no amor, fariam sermões seculares e escreveriam textos filosóficos sem gíria sobre a arte de viver. Ao mesmo tempo, este novo sacerdócio proporcionaria um emprego estável para o tipo de pessoas (entre as quais Comte se incluía) que possuíam um forte desejo de ajudar os outros e interesses culturais e estéticos, mas que tinham sido boicotadas por uma incapacidade de arranjar emprego em universidades e eram, por conseguinte, obrigadas a sobreviver com dificuldade escrevendo para jornais ou vendendo livros de porta em porta a um público indiferente.

Como apreciava o papel que a arquitetura desempenhara em tempos para incentivar as reivindicações das fés, Comte propôs a construção de uma rede de igrejas seculares – ou, como lhes chamou, igrejas da humanidade. Estas igrejas seriam financiadas por banqueiros, pois pelos seus cálculos a classe banqueira emergente continha uma quantidade invulgar de indivíduos que eram, não apenas extremamente ricos, como também inteligentes, interessados em ideias e capazes de serem influenciados para a bondade. Num gesto de gratidão, as fachadas exteriores dessas igrejas seculares teriam bustos proeminentes dos banqueiros benfeitores e no interior as grandes salas seriam decoradas com retratos do panteão de santos seculares da nova religião, incluindo Cícero, Péricles, Shakespeare e Goethe, todos escolhidos pelo fundador pela sua capacidade de nos inspirar e tranquilizar. Por cima de um palco voltado para oeste, inscrito em grandes letras douradas, um aforismo resumiria a crença de Comte na autoajuda intelectual: *«Connais toi pour t'ameliorer.»* («Conhece-te a ti mesmo para te melhorares.») Os padres poderiam falar diariamente sobre temas como a importância de os homens serem bons para as suas esposas, pacientes com os colegas, zelosos no trabalho e compassivos com os menos afortunados. As igrejas tornar-se-iam o local de uma ronda contínua de festivais inventivamente criados por Comte: na primavera haveria uma celebração em honra das esposas e mães, no verão comemorar-se-ia o importante contributo da indústria da siderurgia para o progresso humano e no inverno haveria uma terceira celebração para agradecer aos animais domésticos como os cães, os porcos e as galinhas.

Comte sabia que as fés tradicionais tinham cimentado a sua autoridade por proporcionarem aos seus seguidores calendários diários e até horários que ditavam em quem ou no que deviam pensar, listas que estavam tipicamente associadas à comemoração de uma figura sagrada ou de um incidente sobrenatural. Assim, na religião da humanidade, todos os meses seriam oficialmente dedicados a um ramo específico de iniciativa – desde o casamento e paternidade até à arte, ciência, agricultura e carpintaria – e, todos os dias desse mês, a um indivíduo que tivesse dado um contributo num determinado campo. Em novembro, o mês dos ofícios, o dia 12 seria, por exemplo, o dia de Richard Arkwright, o inventor da fiação de algodão, e o 22 seria o dia dedicado a Bernard Palissy, o oleiro da Renascença francesa, um modelo de pertinácia que ficou famoso por tentar durante 16 estéreis anos reproduzir a vitrificação da porcelana chinesa.

2.
Lamentavelmente, o projeto invulgar, complexo, algumas vezes transtornado mas sempre estimulante de Comte descarrilou devido a uma série de obstáculos práticos. O seu autor foi denunciado por ateus e crentes, ignorado pelo público em geral e ridicularizado pelos jornais. Perto do fim da sua vida, desesperado e frágil, Comte começou a escrever uma série de cartas longas e algo ameaçadoras em defesa da sua religião a monarcas e industriais europeus – incluindo Luís Napoleão, a rainha Vitória, o príncipe herdeiro da Dinamarca, o imperador da Áustria, 300 banqueiros e o diretor do sistema de esgotos de

Paris –, poucos dos quais se deram ao trabalho de responder e muito menos oferecer o seu apoio financeiro. Sem ver nenhuma das suas ideias realizadas, Comte faleceu aos 59 anos, no dia 5 de setembro de 1857, ou, segundo o seu calendário, no mês da filosofia, no dia em que se comemoravam as proezas do astrónomo francês Nicolas Lacaille, que no século XVIII identificou mais de 10 000 estrelas no hemisfério sul e tem agora uma cratera com o seu nome no lado escuro da Lua.

3.

Apesar das suas muitas excentricidades, é difícil rejeitar imediatamente a religião de Comte, pois ela identificou campos importantes na sociedade ateia que continuam em pousio e convidou ao seu cultivo, e mostrou um interesse pioneiro na criação de apoio institucional para as ideias. A sua capacidade de compreender as ambições das religiões tradicionais, de estudar os seus métodos e adaptá-los às necessidades do mundo moderno refletiu um nível de criatividade, tolerância e imaginação que poucos críticos posteriores da religião foram capazes de igualar.

O maior erro conceptual de Comte foi rotular o seu esquema como religião. As pessoas que renunciaram à fé raramente sentem indulgência relativamente a este mundo emotivo, e muitos ateus adultos independentes não se sentem muito atraídos pela ideia de aderir a um culto. O facto de Comte não ser especialmente sensível a essas subtilezas ficou claro quando começou a referir-se a si mesmo como «o Grande Padre», uma proclamação que deve ter apagado rapidamente a sua atração entre os membros mais equilibrados do seu público.

Não obstante, o legado de Comte foi o reconhecimento de que a sociedade secular precisa de ter instituições, instituições

Apesar de nenhuma igreja da Religião da Humanidade ter sido construída durante o tempo de vida de Comte, várias décadas depois do falecimento deste, formou-se um grupo de entusiastas brasileiros (um dos quais, como o próprio Comte tinha previsto, um banqueiro rico), para fundar a primeira instituição deste tipo em Paris. Inicialmente, planearam construir um grande edifício na Place de la Bastille, mas depois de reverem a totalidade dos seus fundos optaram por adaptar um apartamento no primeiro andar de um edifício no Marais. Contrataram um artista que não ficou na história para pintar retratos dos santos seculares do fundador e, na fachada do edifício convertido, um imponente retábulo moderno de uma mulher com o filho, que representava a Humanidade com o Futuro nos braços.

Os santos seculares de Comte incluíam Gutenberg, Shakespeare, Descartes e o fisiologista Bichat.

que ocupem o lugar das religiões, indo ao encontro das necessidades humanas que não se enquadram nas competências existentes da política, família, cultura e local de trabalho. O desafio de Comte para nós está na sua sugestão de que as boas ideias nunca brilharão se forem sempre deixadas dentro de livros. Para brilharem, elas têm de ser apoiadas por instituições de um tipo que apenas as religiões souberam até agora construir.

iii. Conclusão

1.

Um problema central de qualquer tentativa de repensar as necessidades que não foram satisfeitas pelo declínio da religião é a novidade.

Muito embora estejamos maioritariamente dispostos a aceitar as novidades tecnológicas, quando estão em causa as práticas sociais sentimo-nos muito inclinados a mantermo-nos fiéis ao que conhecemos. Somos tranquilizados por formas tradicionais de organizar a educação, as relações, o tempo de lazer, as cerimónias e os modos. Somos especialmente resistentes a inovações que podem ser associadas ao pensamento de uma única pessoa. Para terem mais possibilidades de ser adotadas, as ideias devem parecer o resultado do senso comum ou da sabedoria coletiva e não uma inovação apresentada por um único indivíduo. O que seria provavelmente visto como uma inovação arrojada em *software* também pode ser entendido muito facilmente, na esfera social, como um culto da personalidade.

O facto de a maioria das religiões existirem há muitos séculos, uma característica que atrai fortemente o nosso carinho pelas coisas a que estamos acostumados, é vantajoso para elas. Submetemo-nos naturalmente a práticas que rejeitaríamos como extraordinárias, se nos fossem sugeridas recentemente. Alguns milénios podem fazer maravilhas em tornar respeitável uma ideia extravagante. Uma peregrinação ritual ao Santuário de Santo António pode não ser inerentemente menos estranha, e talvez até mais irracional, que uma peregrinação numa autoestrada circular, mas o santuário de Pádua tem pelo menos uma grande vantagem relativamente à autoestrada M25*, pois existe desde meados do século XIII.

2.
Felizmente para os conceitos aqui analisados, nenhum deles é novo. Existiram ao longo da maior parte da história humana, mas foram sacrificados precipitadamente há cerca de 200 anos no altar da Razão e injustamente esquecidos pelas mentes seculares repelidas pelas doutrinas religiosas.

O objetivo deste livro foi identificar algumas das lições que poderíamos aprender com as religiões: como criar sentimentos de comunidade, como promover a bondade, como neutralizar o atual preconceito em relação aos valores comerciais na publicidade, como selecionar e usar os santos seculares, como repensar as estratégias das universidades e a nossa abordagem à educação cultural, como redesenhar hotéis e *spas*, como melhor reconhecer as nossas necessidades infantis, como renunciar a algum do nosso otimismo contraproducente, como alcançar perspetiva através do sublime e do transcendente, como reorganizar museus, como usar a arquitetura para endeusar valores – e, por fim, como unir os esforços dispersos de indivíduos interessados em cuidar das almas e organizá-los sob a égide de instituições.

3.
Já chegámos à conclusão de que um livro não consegue muito sozinho. Porém, ele pode ser um lugar para expor ambições e para começar a esboçar algumas trajetórias intelectuais e práticas. A essência do argumento apresentado aqui é que muitos dos

---

* N do T: Autoestrada que circunda Londres.

problemas da alma moderna podem ser resolvidos com sucesso através de soluções propostas pelas religiões, depois de essas soluções serem retiradas do contexto sobrenatural em que foram concebidas. A sabedoria das fés pertence a toda a humanidade, mesmo às pessoas mais racionais, e merece ser seletivamente reabsorvida pelos maiores inimigos do sobrenatural. As religiões são intermitentemente demasiado úteis, eficazes e inteligentes para serem relegadas apenas para os religiosos.

Agradecimentos

Estou profundamente agradecido às seguintes pessoas pela ajuda que me deram na escrita, reflexão ou produção deste livro: Deirdre Jackson, Dorothy Straight, Joana Niemeyer, Richard Baker, Cecilia Mackay, Grainne Kelly, Richard Holloway, Charles Taylor, Mark Vernon, John Armstrong, James Wood, A. C. Grayling, Robert Wright, Sam Harris, Terry Eagleton, Niall Ferguson, John Gray, Lucienne Roberts, Rebecca Wright, Simon Prosser, Anna Kelly, Juliette Mitchell, Dan Frank, Nicole Aragi, Caroline Dawnay, Phil Chang e a sua equipa, Thomas Greenall, Jordan Hodgson, Nigel Coates e Charlotte, Samuel e Saul de Botton.

Créditos das Imagens

Andrew Aitchison: 62; akg-images: 81, 116; akg-images/Stefan Drechsel: 246 (esquerda); Alamy/Gari Wyn Williams: 95; Arquiconfraria de San Giovanni Decollato, Roma: 212 (esquerda); Archivio Fotografico Messaggero S. Antonio Editrice/Giorgio Deganello: 126; Arktos: 244; Axiom/Timothy Allen: 24; Richard Baker: 100, 104, 145, 150, 152, 154, 157, 282; *Every Word Unmade*, 2007, de Fiona Banner, cortesia da Artist and Frith Street Gallery, Londres: 208; de *Brigitte et Bernard* © Audrey Bardou: 210 (em baixo); do *Missal Romano, 1962* © Baronius Press, 2009: 38; Nathan Benn: 54; Jean-Christophe Benoist: 18; © Bibliothèque Nationale de France: 148; Big Pictures: 185; Bridgeman Art Library/Bibliothèque Nationale, Paris: 295; Bridgeman/British Library, Londres: 72; Bridgeman/Chiesa del Gesù, Roma: 246 (direita); Bridgeman/Igreja dos Jesuítas, Veneza/Cameraphoto Arte Venezia: 12; Bridgeman/Duomo, Siena: 42; Bridgeman/Museu Fitzwilliam, Universidade de Cambridge: 140; Bridgeman/Galleria degli Uffizi, Florença: 167, 210 (em cima); Bridgeman/Galleria dell'Accademia Carrara, Bergamo: 172; Bridgeman/Hermitage, São Petersburgo: 232 (em baixo); Bridgeman/Neil Holmes: 259; Bridgeman/© Museu Isabella Stewart Gardner, Boston: 228; Bridgeman/Musée des Beaux-Arts et d'Archéologie, Besançon/Giraudon: 217 (em cima); Bridgeman/Musée du Louvre, Paris/Giraudon: 205, 226; Bridgeman/Museo di San Marco dell'Angelico, Florença/Giraudon: 230 (em cima); Bridgeman/Musée d'Unterlinden, Colmar: 214; Bridgeman/Museu Nacional da Bósnia Herzegovina, Sarajevo/Photo © Zev Radovan: 47; Bridgeman/Noortman Master Paintings, Amesterdão: 182; Bridgeman/Prado, Madrid: 224 (em cima); Bridgeman/Coleção Particular: 118; Bridgeman/São Pedro, Cidade do Vaticano: 222 (em cima); Bridgeman/Capela Strovegni, Pádua: 87; com autorização dos síndicos da Biblioteca da Universidade de Cambridge: 93; Camera Press, Londres/Butzmann/Laif: 36; © Nicky Colton-Milne: 49; da série *Garden Ruin* © François Coquerel: 217 (em baixo); Corbis/Robert Mulder/Godong: 60; Corbis/Bob Sacha: 130; Jean-Pierre Dalbéra: 300, 301; Fczarnowski: 168; Peter Aprahamian/Museu Freud, Londres: 97 (em baixo); Gabinetto Fotografico Nazionale, Roma: 212 (direita); da série *Remember Me* © Preston Gannaway/Concord Monitor: 222 (em baixo); Getty Images: 230 (em baixo), 243, 280; Thomas Greenall & Jordan Hodgson: 45, 67, 90, 97 (em cima), 123, 175, 190, 198-9, 220, 239, 256, 260, 268, 275, 284 (em baixo); Dan Hagerman: 289; do *Missal de Domingo* © HarperCollins, 1984: 134; Rob Judges: 107; *New York*, c. 1940, de Helen Levitt © Propriedade de Helen Levit, cortesia da Galeria Laurence Miller, Nova Iorque: 224 (em baixo); Linkimage/Gerry Johansson: 22; *Red Slate Circle*, 1987 de Richard Long. Cortesia da Artista e Haunch of Venison, Londres © Richard Long. Todos os Direitos Reservados. DACS, 2010: 235 (em baixo); © Mazur/catholicchurch.org.uk: 31, 34, 40, 220 (em baixo); Mary Evans Picture Library: 64; © Museu de Londres: 264; Naoya Fudji: 254; PA Photos/AP/Bernat Armangue: 52; PA Photos/Balkis Press/Abacapress: 287; Panos Pictures/Xavier Cevera: 110; de *Contrasts*, 1841, de A. W. N. Pugin: 250; Reuters/Yannis Behrakis: 188; Reuters/STR: 291; Rex Features: 90 (intercalada); Scala/Biblioteca Pierpont Morgan, Nova Iorque: 114, 128; Scala/White Images: 232 (em cima); *Untitled – October 1998*, de Hannah Starkey, cortesia de Maureen Paley, Londres, 28; Mathew Stinson: 170; *National Gallery I, London 1989* de Thomas Struth, cortesia do artista e da Galeria Marian Goodman, Nova Iorque/Paris © Thomas Struth: 206; Catedral de Westminster, Londres: 220 (em cima); Katrina Wiedner: 139, 263.

Índice Remissivo

Números de página em *itálico* indicam ilustrações

Abadia de Clairvaux *148*
aborto 75
Agostinho, Santo 35, 108, 138
akrasia 124-5
Alabbar, Mohamed 287
alma 113-17, *114*, *116*
amor 27-9, 32, 78, 185-7, 211
Ando, Tadao: Igreja Cristã da Luz *254*
Angelico, Fra: *Último Julgamento 230*
António de Pádua, Santo 125, *126*, 127, *128*, 215, *263*, 303
Apolónia, Santa *263*, 264-5
Aquino, São Tomás de 276-7
Arkwright, Sir Richard 298
Armani, Giorgio 285, *287*
Arnold, Matthew 101, 102, 105, 109, 117, 122, 158
arquitetura *zen* 15, 252
arquitetura: e estética 242, 247-9; budista 14, 251; cristã 242-52
arte cristã *ver* arte: cristã
arte: cristã *167-68*, *172*, 174, *211-12*, 207-33; contemporânea *208*, 209, 233-35; educação pela 106, 108-9, 121; objetivo e importância da 203-13, 218-23, 227-31
As Sete Dores de Maria 216-18, *217*
astronomia 180, 195, 197-200, *198*, 255, 304

Bach, Johann Sebastian 15, 165
banho, ritual 142-4, *145*
Banner, Fiona: *Every Word Unmade 208*
Bar Mitzvah 61, *62*
Bardou, Audrey *210*, 211
Bashō 155
batistas 129, 131
beduínos 25
Bellini, Giovanni 15, *172*, 237

Bellow, Saul 159
Bernard de Clairvaux, St 146
Bíblia 72, 88, 106, 138, 245, 273; Livro de Job 192-4, 197; Deuteronómio 135-6; Génesis 135-6; Levítico 53; Salmos 82-3, 108, 132-3; Romanos 83
Bichat, Marie François Xavier 301
Bildad de Chua 193
Birkat Ilanot (festival judeu) *291*
birkat ilanot (oração judaica) 290
Boccaccio, Giovanni 106
Brueghel, Jan, «o Jovem»: *Paraíso 182*
budismo 136; Caminho Óctuplo 14; Guan Yin 169-71, *170*; mandalas 233-5, *235*; meditação 147, 149-55; reencarnação 19, 20; retiros 147--55; lugares de adoração 251, 252; *ver também* budismo *zen*
budismo theravada 251
budismo *zen* 44, 141; *chanoyu* (cerimónia do chá) 141-2, *143*; celebrações *tsukimi* (rituais) 288-90, *289*
Buffett, Warren 96

calendário cristão 132-3, *134*, 136, 196-7
calendários, religiosos 132-7, *134*, 196-7
Calvino, João 242, 248
Campaña, Pedro: *As Sete Dores da Virgem 217*
capitalismo 26, 242
caridade 26-7
carreirismo 29, 35
casamento 61, 63, 78, 183-5
Cassatt, Mary 243; *O Banho do Menino 175*
catolicismo: ascetismo 242, 245-6; confissão 282-3; *cura animarum* 278; éditos e decretos 281; Eucaristia 39, *40*, 43, 44; culto mariano 165-74, 205, 207, 211, 216; Missa 30-9, 46, 48; Missal 37-9, 44; oração 132-3, *134*, 165-6; retiros 146; receita 279;

santos 92-6; Estações da Via Sacra 218, *219*
centros comunitários 37
cerimónia do chá *ver* budismo *zen*
céu *ver* paraíso
chanoyu ver budismo *zen*
Chekhov, Anton 135
Chiesa del Gesù 246, 247; San Lorenzo in Miranda *18*
China 180; budismo 169-71
Churchill, Sir Winston 96
Cícero 124, 297
cidades *ver* vida urbana
Cinco Livros de Moisés *ver* Tora
clássicos, educação nos 103, 105
comodificação 286-92
compaixão 19, 46, 164-74, 215, 218, 223-31
Comte, Auguste 293-302, *295*
comunidade, sentido de: erosão de 23-5, 41; ódio da 58-9; e refeições 39-50; e religião 14, 23-5, 30-33, 37-9, 50, 53, 58-67
Constantino 292
construção civil 242, 248-9
contemplação 258-61
Coquerel, François *217*
Cornélio, São 272
crime 71, 73, 84-5; medo de 27
cristianismo: festas *ágape* 39; anunciação 19, 233; Livro de Oração Comum 132-3; crucificação *214*, 215-6, 225-7, *226*; desenvolvimento precoce da 16-7, 137; Eucaristia 39, *40*, 43, 44; Festa dos Tolos *(festum fatuorum)* 63-6, *64*; Evangelhos 65, 108, 135, 173, 203; culto mariano 165-74, 205, 207, 211, 216; missa 30-40, 46, 48; missal 37-9, 44; Pecado Original 82- -4; peregrinações 127, 262-6, *263*, 303; oração 132-3, 165-6; santos 92-6, 262-5; sermões e oratória 14, 16, 115-17, 119, 124-31; Estações da Via Sacra 216, 218, *219*; Dez Mandamentos 85; Trindade 14; *ver também* catolicismo; igrejas; protestantismo
crucificação *214*, 215-6, 225-7, *226*
Cuthbert, São 94

Dante Alighieri 138
Deméter 169
densidade demográfica 25
Descartes, René 301
desconhecidos, medo de 25, 27, 48
Deus: invenção de 14, 79-80, 195; não--existência de 13, 16, 79-80, 195-6
Dez Mandamentos 85
Dia da Expiação (Yom Kippur) *52*, 53- -7, *54*, 197
diCorcia, Philip-Lorca 233
Donatello 237
Donato, São 265
Donne, John 127-9
Duccio di Buoninsegna: *A Última Ceia 42*

edição 138-40, 272-3
educação cristã 106-8, 111-22, 124
educação de crianças 74-5, *76*
educação: e ética 101-3, 105-6, 108-11, 121-2, 159, 296; nas humanidades 101, 103-13, 131-2; oratória e 115- -17, 124-32; objetivo de 101-3, 111--13, 158-9; religiosa 106-8, 111-22, 124, 159-61; na ciência 158, 255-7; vocacional 102, 105
Einstein, Albert 158
Eliot, George: *Middlemarch* 108
Eliot, T. S.: «The Waste Land» 105
Emerson, Ralph Waldo 120
empresas 275, 279-81, 284-8
epicurismo 17, 121
Espinosa, Bento 195, 197
Estações da Via Sacra 216-18, *219*
Estados Unidos 129, 131, 183
estética 242-49
estrelas 197–200, *198*

Eucaristia 39, *40*, 43, 44
Evangelhos 63-4, 108, 135, 173, 203
exercícios espirituais 141-56

fama 33, 274-5
família 32; *ver também* casamento; paternidade
Faraday, Michael 158
Festa dos Tolos *(festum fatuorum)* 63-6, *64*
festas ágape 39
Filipe Neri, São 94
filosofia, ensino e estudo de 103, 105, 109, 112-13, 121, 131
física, ensino e estudo de 158
Flaubert, Gustave: *Madame Bovary* 121
Foy, Santa 265
Fragonard, Jean-Honoré: *O Descanso durante a Fuga para o Egito 232*, 233
Francisco de Assis, São 94, *95*, 96
Freud, Sigmund *97*, 159
funerais 59, *60*

galerias de arte *ver* museus e galerias de arte
Gannaway, Preston *222*
genius loci 262-7
Gill, Eric: *Jesus Cai pela Terceira Vez 219*
Giotto 19; *Os Vícios e as Virtudes* 86-9, *87*
Goethe, Johann Wolfgang von 297
Gordon, George 108
gregos, antigos 124-5, 160, 169
Grünewald, Matthias: *Retábulo de Isenheim 214*, 215, 221
Guan Yin 169-71, *170*
Guibert de Nogent 265
Gutenberg, Johannes 301

Haggadah 44, 46, *47*
Hardy, Thomas: *Tess of the d'Urbervilles* 116
Hegel, Georg Wilhelm Friedrich 209, 211
Hepworth, Dama Barbara 234, 236

hotéis 144-6

idas ao cinema 133
Igreja de Gougane Barra, Irlanda *259*
igrejas (edifícios) 30-33, 37, 88, 202-3, 242-47, 249-52, 253-5, 259
Império Romano 37, 160, 262; divindades 169, 262; ascensão do cristianismo 17, 262
impostos 27
industrialização 248-9
Inês de Montepulciano, Santa *12*, 13
inferno *81*, 82, 229, *230*
ira 53, 86
Isenheim, Mosteiro de Santo António 215
Ísis 169

James, Henry 117
Jerusalém: Muro das Lamentações 187-9, *188*
Job, Livro de 192-4, 197
José, São 92
judaísmo: *birkat ilanot* 290; Birkat Ilanot *297*; Dia da Expiação (Yom Kippur) *52*, 53-7, *54*, 196-7; Haggadah 44, 46, *47*; *mikveh* 141-4, *146*; Mishnah 71-3, 74; Páscoa 44, 46, 47, *49*; Livro de Orações da Congregação Unida 186; Talmude 71, 85, 290; Dez Mandamentos 85; Tora 135, 139-41, 142; *ver também* judeus
Judas, São 92, 94
judeus: Bar Mitzvah 61, *62*; funerais 59, *60*; casamentos 183-4; refeições 39, 43-4, 47, *49*, 71; oração 186-9; leituras rituais 135-6; *ver também* judaísmo
Juno 262

Katib, Abid: hospital de *Shifa, Gaza 230*
Keats, John 131, 290

Lacaille, Nicolas 299
Laodiceia, Concílio de (364) 39
Latrão, Quarto Concílio de (1213-15) 281
Leeds 248
lei 71-4, *72*, 84-5, 276
leitura 117-8, 133-6, 138-40, 160, 203
Levitt, Helen: *Nova Iorque 224*, 225
liberalismo 83-4, 101
liberdade 70, 75-9, 88, 96, 98
libertarismo 70-71, 73-4, 77, 79-80, 88, 97, 99
Lincoln, Abraham 96
Lippi, Filippino: *A Adoração do Menino 210*, 211
literatura 19, 105, 108-9, 117, 121, 135, 136-7, 159, 236
Livro de Oração Comum 132-3
livro de horas *114*
livro de salmos *93*
livros: fabrico e venda 138-40, 272-4, 278; leitura 119, 135-6, 138-40, 160, 203
Long, Richard: *Red Slate Circle 235*
Lucas, São 237
Luís XI 266
luto 14, 59

Manchester 248
mandalas, budistas 234, *235*
Mantegna, Andrea: *Crucificação* 225-7, *226*
marcas 279-81, 283-88
Marcelo, São 266
Marco Aurélio 106, 136
Maria, Virgem 165-74, *167-68*, *172*, *205*, 207, *210*, 211; Sete Dores 216, *217*
Marte 262
Martin, Agnes 234
Marx, Karl 159
Maslow, Abraham 285
McDonald's 279-81
meditação 147, 149-56

metafísica 105
Miguel Ângelo Buonarroti: *Pietà 222*
mikveh 141-3, *145*
Mill, John Stuart 102, 105, 109, 117, 122, 158; *Sobre a Liberdade* 70
Milton, John: *Paraíso Perdido* 196
Mishnah 71-2, 74
missa *ver* catolicismo
modernismo 119
monasticismo 16-7, 146, *148*, 211, 213, 215-6
monges de Cister 146, *148*
Montaigne, Michel de 131
morte 14, 53, 54, 59, 115
Muro das Lamentações 187-9, *188*
Museu do Louvre 204, 207
museus e galerias de arte 30, 201-9, 236-9, 255-7
Musil, Robert 159

Natal 17
Nhat Hanh, Thich 155
Nietzsche, Friedrich 16, 277-8
notícias 136-7

Oe, Kenzaburo 159
oração 132-3, 165-6, 186-7
oratória 115-17, 124-31
orgulho 35, 84-5
Os Tormentos do Inferno 81

Pádua: Basílica de Santo António *126*, 127, 303; Capela Scrovegni 86, *87*
paganismo 17
Palissy, Bernard 298
paraíso 16, 80-3, 181-3, *182*, 277
Pascal, Blaise: *Pensées* 178-9
Páscoa 44, 46, 47, *49*
paternalismo 73, 74, 77, 80, 96, 98
paternidade 74-5, *76*
Pecado Original 82-4
pedir desculpa 53-7, 142
Pentateuco *ver* Tora
pentecostalismo 129, 131

perdão 53-7, 79-80, 106, 142, 193, 221, 237, 251
peregrinações 127, 266–7, *263*, 303
Péricles 297
perspetiva 192-200, 223-7, 253-7
pessimismo 178-90
Pessoa, Fernando 159
Platão 125; *A República* 273, 292
Plotino 247-8
posição, social 29, 33, 277-8
Poussin, Nicolas 159
progresso tecnológico 180, 181-3
progresso, científico e económico 180, 181-3
propaganda 211, 213
protestantismo 242-4, 248-50
Proust, Marcel 136
psicoterapia 283-4, 294
publicidade 88-91, *90*, 189, 276
Pugin, Augustus 248-9, *250*

refeições 39-50
Reforma 245
Rembrandt: *Cristo na Tempestade no Mar da Galileia* 228
restaurantes 41
retiros, religiosos 146-57
Revolução Francesa 204
Rilke, Rainer Maria, «Torso Arcaico de Apolo» 158-9
Rita de Cássia, Santa 265
Roma: Basílica de San Lorenzo 265
romantismo 233, 273-4, 279, 288, 292, 296
roubo 71, 73, 85
Rousseau, Jean-Jacques 131

Sagrada Comunhão *ver* Eucaristia
Salmos 82-3, 108, 132-3
Salvi, Giovanni Battista: *Nossa Senhora das Dores 167*
santos 92-6, 262-5; seculares 296-7, 300; *ver também santos individuais*
santuários *126*, 127, 262-7, 303

Schopenhauer, Arthur 108
Séneca 105, 121
sermões 12, 14, 115-17, 119, 125-31
Serra, Richard 234
sexo: e casamento 61; leis religiosas sobre 71
Shakespeare, William 297, 301
Smith, Adam 131
Smith, Paul 96
Sofar de Naamat 193
sofistas 124, 125
sofrimento 213-23
solidão 23, 25-7, 30
Soth, Alec 233
spas 144-6
Stendhal 96
Struth, Thomas 206, 207; *National Gallery I, London 206*
subsídios sociais 26, 27

Talmude 71, 85, 290
Tarkovsky, Andrei 159
tavolette 212, 213
telescópios 180, 195, 200, *198*, 255
Thomas Becket, St *27*
Ticiano 233, 237; *A Fuga para o Egito 232*, 233
Tolstoy, Leo: *Anna Karenina* 121; *A Morte de Ivan Ilyich* 133
Tora 135, 140, 142
Torgau: capela do Schloss Hartenfels *246*, 247
trabalho: carreirismo 29, 35; viagens para o 25, 26; recrutamento 276; manuais de treino 279-81
Trento, Concílio de (1563) 245
tsukimi ver budismo *zen*

Última Ceia 39, *42*
universidades 100-11, 117, 121-5, 158-60, 209, 303
ursinhos de peluche 94
Utrecht: Catedral de São Martinho *244*

van Orley, Bernard: *As Sete Dores da Virgem 217*
Veneza: Santa Maria Gloriosa dei Frari 236
Veneziano, Paolo 237
Vénus 169
viagens para o emprego 25, 26
vida depois da morte, teorias da 16, 19, 30, 80-2, 113-15, 181
vida urbana 23, 25-6, 27, 33, 41, 248-9
Vipers, padre Chris *282*

Wagner, Richard 106
Wall, Jeff 233
Wesley, John 115, 117, *118*
Whitman, Walt 96, 130, 136
Winnicott, Donald 120
Woolf, Virginia *97*

Yom Kippur *ver* Dia da Expiação

Zurbarán, Francisco de: *O Cordeiro Amarrado 224*